Manfred Bayer
Fränkisches Seenland

FRANKEN kreuz quer

Manfred Bayer

Fränkisches Seenland

25 Wanderungen rund um Altmühl- und Brombachsee

HANS CARL

Haftungsausschluss

Alle Angaben in diesem Buch wurden vom Autor nach bestem Wissen erstellt und gemeinsam mit dem Verlag mit größtmöglicher Sorgfalt überprüft. Dennoch lassen sich (im Sinne des Produkthaftungsrechts) inhaltliche Fehler nicht vollständig ausschließen. Die Angaben verstehen sich daher ohne jegliche Verpflichtung oder Garantie seitens des Autors oder des Verlages. Autor und Verlag schließen jegliche Haftung für etwaige inhaltliche Unstimmigkeiten sowie für Personen-, Sach- und Vermögensschäden aus.

Bibliografische Information Der Deutschen Bibliothek
Die Deutsche Bibliothek verzeichnet diese Publikation in der Deutschen Nationalbibliografie; detaillierte bibliografische Daten sind im Internet über http://dnb.ddb.de abrufbar.

Verlag Hans Carl
© 2003 Fachverlag Hans Carl GmbH, Nürnberg
Alle Rechte vorbehalten

Konzeption: Verlagsservice Kattenbeck, Nittendorf
Fotos: Christian Neumeister
Titelbild: Manfred Gillert
Grafik, Karten und Repros: Wildner GrafikDesign, Nürnberg
Druck und Bindung: Passavia Druckservice GmbH, Passau

ISBN 3-418-00392-3

Inhalt

Vorwort

Die in diesem Wanderführer beschriebenen Routen sind in erster Linie für Benutzer öffentlicher Verkehrsmittel konzipiert. PKW-Fahrer kommen jedoch auch zu ihrem Recht, denn es sind einige Rundtouren aufgeführt. Außerdem kann man das Auto am Ausgangspunkt einer Streckenwanderung abstellen und vom Zielort das meist sehr kurze Stück mit der Bahn oder dem Bus zurückfahren. Auf die entsprechenden VGN-Linien wird in jedem Kapitel hingewiesen.

Bei den vorgestellten Touren handelt es sich nicht um kurze Spaziergänge, sondern um mehr oder weniger anstrengende Wanderungen. Die Wege können steinig, betoniert, verwachsen, abschüssig, glitschig oder holprig sein. Eine entsprechend praktische Kleidung und feste Wanderschuhe gehören daher unbedingt zur Ausrüstung.

Neben der ausführlichen Routenbeschreibung tragen auch die Wegskizzen zur Orientierung bei. Weitere Informationen zum jeweiligen Wandergebiet bietet die Fritsch-Wanderkarte Nr. 75, „NÜRNBERG – Fränkisches Seenland", die Kompass-Karte Nr. 174, „Fränkisches Seenland", die Sonderkarte des Bayerischen Landesvermessungsamts, „Fränkisches Seenland – Naturpark Altmühltal, Westlicher Teil", oder die Appelt-Freizeitkarte, „Fränkisches Seenland".

Verlag und Autor wünschen genussreiche und erholsame Wandertage. Möge dieses Büchlein dazu beitragen, die landschaflich-kulturellen Besonderheiten in der Umgebung des Brombach- und des Altmühlsees zu erschließen.

Zum sagenumwobenen Druidenstein

Mit dem  unterwegs

Anfahrt nach Unterheckenhofen mit der VGN-Linie R 6; Rückfahrt von Georgensgmünd ebenfalls mit R 6.

Die Tour

Wanderstrecke: Unterheckenhofen – 3 km – Rittersbach – 2,5 km – Mäbenberg – 6,5 km – Georgensgmünd; leichtes Gelände.

Einkehrmöglichkeiten: in Rittersbach, Mäbenberg (meist nur sonntags) und Georgensgmünd.

Gesamtlänge: rund 12 km.

Gehzeit: ca. 3 Stunden.

 ## Wegbeschreibung

Wir steigen aus dem Zug und wenden uns nach rechts, an der Unterführung vorbei und am Waldrand hoch. Nachdem die Straße eine Linkskurve beschrieben hat, geht es über die Kreuzung geradeaus weiter. Hinter dem Ortsende-Schild von **Unterheckenhofen** (1289 „Hegenhouen", „zu den Höfen des Hecko") überqueren wir die Fahrstraße. Der Feldweg, auf dem wir uns jetzt befinden, gabelt sich nach ca. 50 m. Wir gehen links am Waldsaum entlang; zu unserer Rechten zieht sich eine Weiherkette hin. Beim Jägersitz, wo unser bisheriger Weg rechts zu den Weihern abbiegt, verschwinden wir im Wald und schwenken bei der folgenden Gabelung in den rechten Weg ein. Darauf spazieren wir stets geradeaus, ignorieren also alle Linksabzweigungen; im Zweifelsfall halten wir uns eher rechts. Auch bei der Wegspinne ändern wir die Richtung nicht. Danach vollführt unser über-

graster Pfad einige Windungen und mündet schließlich in einen breiteren Weg; darauf links. Rechts schimmert die Talaue durch die Bäume, zu der wir uns wenig später hinunter begeben. Erneut haben wir einen grasbewachsenen Weg unter den Füßen. Wir wechseln an den Waldsaum; voraus sehen wir die ersten Häuser von Rittersbach. Nochmals müssen wir kurz durch eine Forstabteilung, dann ziehen wir in **Rittersbach** 📖 ein und steuern rechts die Kirche an.

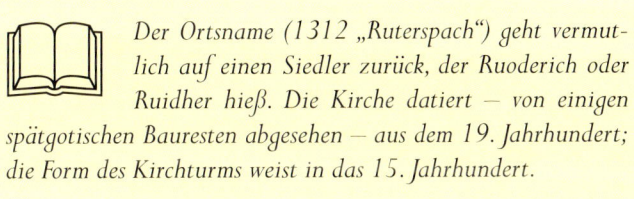

Der Ortsname (1312 „Ruterspach") geht vermutlich auf einen Siedler zurück, der Ruoderich oder Ruidher hieß. Die Kirche datiert – von einigen spätgotischen Bauresten abgesehen – aus dem 19. Jahrhundert; die Form des Kirchturms weist in das 15. Jahrhundert.

Nachdem wir an der Kirche vorbei sind, biegen wir links in den Asbacher Weg ein. An dessen Ende rechts herum und leicht aufwärts zum einzelnen Anwesen. Bei der dortigen Gabelung halten wir uns links. Kurz darauf teilt sich der Weg erneut; diesmal gehen wir geradeaus, bleiben also im Tal. Nach einem Weilchen wenden wir uns links dem Weiher zu und laufen rechts auf dem Grasweg am Graben entlang. Vor dem zweiten Weiher rechts zur Kläranlage. Längs des Waldsaums bringt uns ein Feldweg hinauf nach **Mäbenberg.** 📖

Das Dorf wird 1182 als „Maegenberch" („Burg des Mago") erstmals urkundlich erwähnt. Es ist die Heimat des Naturforschers Konrad von Megenberg (1309–1374), der das Buch der Natur *verfasste, ein naturkundliches Lehrbuch. Das Kirchlein, ein spätgotischer Bau von 1489, birgt den um 1500 gefertigten Kaiseraltar.*

Oben auf der Konrad-von-Megenberg-Straße geht es links ortseinwärts. Wo diese Straße einen Linksbogen beschreibt, wandern wir rechts aufwärts (Abenberger Wald). Weiter oben begeben wir uns halblinks hinab zum Friedhof, an dem wir entlangspazieren. Die Teerung hört auf, wir sind nun auf einem Feldweg. Am Ende der Wiese links am Waldrand weiter (alte Nummer 3). Auf dem grasnarbigen Schotterweg passieren wir den idyllisch gelegenen Atlasweiher. Hier teilt sich der Weg; wir tauchen rechts (Fachwerk, grüne 3) in den Wald ein und stehen nach wenigen Minuten vor einem Wegstern. Wir biegen nicht in den mit Blaustrich markierten, sondern in den unmittelbar dahinter links abgehenden, unmarkierten Weg ein (linkes der beiden Sperrschilder). Immer geradeaus, bis nach einer Weile ein geschotterter Forstweg kreuzt (Blaustrich, Nummer 2); darauf links. Wenig später finden wir zu unserer Linken einen Holzwegweiser, der uns den Zugang zum **Druidenstein** zeigt.

Wir kehren zurück zum Blaustrich-Weg und wandern weiter zu einer Forstwegkreuzung (Steinmarter, Bank). Rechts in den mit einem grasigen Mittelstreifen überzogenen, brei-

Der Eiszeitfindling aus Burgsandstein war 1465 als „Hohlstein" bekannt. Er gab schon zu vielen Sagen und Legenden Anlass. Sein heutiger Name stammt aus dem 19. Jahrhundert und ist darauf zurückzuführen, dass man ihn sowohl mit den keltischen Druiden (Priestern) als auch mit den Druden (Spukgestalten) in Verbindung brachte.

ten Waldweg hinein, auf dem wir geradeaus laufen. Er bringt uns zu einer Straße und setzt sich auf der anderen Seite als Teerweg fort. In der Linkskurve verlassen wir ihn und gehen ohne Kursänderung durch eine Waldzunge. Auf der breiten Fuhre wandern wir nun über eine Wiese und danach abwechselnd durch den Wald und an dessen Rand entlang, stets in gleicher Richtung. Sporadisch sind Fachwerk- und G-1-Markierungen zu sehen – Letztere entgegengesetzt angebracht. Nach längerer Zeit erreichen wir eine Waldwegverzweigung; hier ebenfalls geradeaus (G 5 und Fachwerk). Bald darauf gibt uns der Wald frei; wir befinden uns am Rand von **Georgensgmünd.** 📖 Rechts haltend durch den Abenberger Weg hinab zur Steinbacher Straße, der wir links längs des Bachtals ortseinwärts folgen. Am Marktplatz mit seinen historischen Sandstein- und Fachwerkhäusern kommen wir heraus. Wir überqueren die Fränkische Rezat (links das Wasserrad) und biegen rechts in die Bahnhofstraße zum Georgensgmünder Bahnhof ab, dem Ziel unserer Wanderung.

Georgensgmünd liegt am Zusammenfluss von Fränkischer und Schwäbischer Rezat, die ab hier die Rednitz bilden. Der Name Sankt Georgens Gmünd existiert seit 1414. Das alte Gmünd gehörte einst den Grafen von Abenberg bzw. ab 1200 den Burggrafen von Nürnberg; von 1417 bis 1792 war es markgräflich, wurde dann preußisch und 1806 bayerisch. Am Anger steht die ehemalige Synagoge von 1734 mit dem Jüdischen Museum; zwei Ritualbäder, Wandmalereien und das Lehrerwohnhaus machen sie zusammen mit dem 1555 angelegten Israelitischen Friedhof (nebenan in der Judenbastei) mit seinen über 1800 Grabsteinen und dem Taharahaus von 1723 zu einem einmaligen Ensemble im süddeutschen Raum. Die evangelische Pfarrkirche St. Georg wurde 1757/58 erbaut; ihr viergeschossiger Turm mit Kuppeldach und Laterne ist im Originalzustand erhalten. An der Fränkischen Rezat neben der Brücke findet man ein 1912 konstruiertes Wasserrad mit einem Durchmesser von 6 m.

Vom Rezattal hinauf zum Bergdorf Großweingarten

MIT DEM  UNTERWEGS

Anfahrt nach Georgensgmünd mit der VGN-Linie R 6; Rückfahrt von Mühlstetten ebenfalls mit R 6.

DIE TOUR

Wanderstrecke: Georgensgmünd – 6 km – Wasserzell – 1 km – Großweingarten – 4 km – Unterbreitenlohe – 1 km – Oberbreitenlohe – 3 km – Mühlstetten; welliges Gelände.

Einkehrmöglichkeiten: in den genannten Orten, ausgenommen Unterbreitenlohe.

Gesamtlänge: rund 15 km.

Gehzeit: ca. 4 Stunden.

 WEGBESCHREIBUNG

Auf der Bahnhofstraße rechts in die Ortsmitte von **Georgensgmünd,** links über die Fränkische Rezat (rechts am Fluss Wasserrad) und zum Marktplatz. Wir richten uns nach der Grünpunkt-Markierung, die uns vor der Kirche links in die Hochstraße weist. Diese führt uns am Ortsende in den Wald. Längere Zeit bleiben wir mit Grünpunkt, Fachwerk und einigen Rundweg-Nummern auf dem breiten Hauptweg (links können wir ab und zu die Rezataue erahnen), bis uns die Zeichen halbrechts in einen grasigen Waldweg führen. Wir ignorieren sämtliche Abzweigungen und wandern stets geradeaus, bis der Wald zurücktritt. Danach queren wir leicht rechts versetzt die Straße nach dem rechts sichtbaren Moosbach. Drüben mit Grünpunkt und Fachwerk weiter.

Nachdem wir ein kurzes Waldstück durchschritten haben, erreichen wir eine Ackerlichtung. Daran entlang, bis am

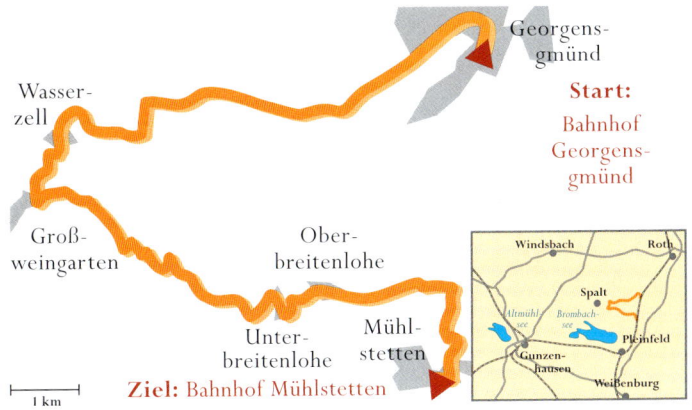

Start:
Bahnhof Georgensgmünd

Ziel: Bahnhof Mühlstetten

1 km

Ende links der Wald an den Weg herantritt. Hier ohne Markierung links ab und so gut wie weglos am Waldrand bzw. über ein Wiesenstück hinüber. Gleich befinden wir uns wieder im Wald auf einem „normalen" Weg, auf dem wir zu einer Kreuzung gelangen; hier mit Rundweg 162 rechts. Unsere Route verlässt bald den Forst, sodass wir freie Sicht über das Rezattal haben. Das schmale Zufahrtssträßchen bringt uns zur Fahrstraße. Darauf überqueren wir links die Fränkische Rezat und ziehen in **Wasserzell** 📖 ein.

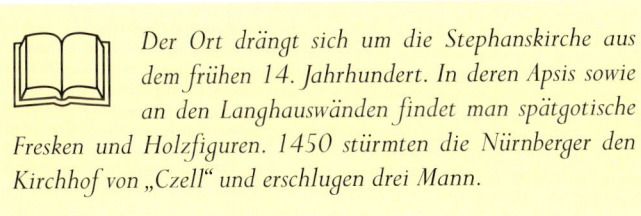

Der Ort drängt sich um die Stephanskirche aus dem frühen 14. Jahrhundert. In deren Apsis sowie an den Langhauswänden findet man spätgotische Fresken und Holzfiguren. 1450 stürmten die Nürnberger den Kirchhof von „Czell" und erschlugen drei Mann.

Links an der Kirche vorbei und durch die Stephanusstraße zur Hauptstraße (Gmünder Straße), welche wir überqueren. Auf der Straße An der Bahn überschreiten wir die zu einem Rad- und Fußweg umfunktionierte ehemalige Bahntrasse. Danach rechts und im Linksbogen auf dem Teerweg bergan. Wo dieser eine Linkskurve beschreibt (Rückblicke!), steigen wir geradeaus den Pflasterweg hinauf. An dessen Ende auf dem Grasweg in unveränderter Richtung vollends empor. In **Großweingarten**  über die Straße und mit der inzwischen zu uns gestoßenen Blaukreuz-Markierung durch den Zeller Weg. Bevor wir an dessen Ende links absteigen, wollen wir einen kleinen Abstecher rechts zur Kirche machen.

> *Der Ortsname ist von den Weingärten abgeleitet, in denen einst der Wein für die Spalter Chorherren angebaut wurde. Der Turmunterbau der katholischen Pfarrkirche St. Michael stammt aus dem 13. Jahrhundert; die Obergeschosse erstellte man 1794, Chor und Langhaus wurden 1492 errichtet (Jahreszahl an der Außenmauer). Im Innern der Kirche klassizistische Altäre (um 1823) sowie das Holzrelief „Tod Mariens" (um 1460). Im Ort stattliche Stein- und Fachwerkhäuser mit den für die Gegend typischen hohen Dachböden zur Trocknung des Hopfens.*

Nun mit Blaukreuz bergab (weite Sicht!), wobei wir zweimal die Windungen der Straße auf Fußwegen abschneiden. Schließlich folgen wir ihr doch, aber nur ganz kurz. Rechts lösen sich zwei überwachsene Wege; wir wählen den unteren, also den linken. Links an der „Bienenhütte" vorbei pirschen wir auf einem verwachsenen Pfad hinunter zu einem links von der Straße kommenden Teerweg, auf dem wir rechts weitergehen. Am Ende der Asphaltierung geradeaus empor. Einige Meter vor dem Wald bedeuten uns die blauen Zeichen, dass wir links in einen Feldweg einbiegen müssen.

Am Ende des Feldes rechts und am Waldrand hinab zu einem Feldweg. Darauf lediglich ein paar Schritte links, dann sofort wieder rechts ab. Der grasige Pfad führt durch eine Mulde und wendet sich gleich hinter dem kleinen Waldstück scharf links dem Wald zu (Sichtzeichen). Unser Weiterweg verläuft nun eine ganze Weile durch lichten Föhrenwald, wobei er einmal spitzwinklig rechts die Richtung wechselt; wir müssen also genau die Blaukreuz-Markierung beachten. Später gesellt sich ein Fachwerk-Symbol zu uns. Nicht lange danach verlässt uns Blaukreuz vor der eingezäunten Schonung nach rechts, während wir mit der Rundweg-Nummer 165 geradeaus wandern. An der Gabelung müssen wir uns markierungsgemäß rechts halten. Der Weg senkt sich und mündet am Waldrand in eine breite Feldfuhre, auf der wir links talauswärts nach **Unterbreitenlohe** gelangen.

 *Die Siedlung hieß 1287 „Braitenloch", das bedeutet „zum großen ausgedehnten Wald" (mittelhochdeutsch „loh" bedeutet „lichter Wald").*

Rechts durch das Dörfchen. Vor dem Ortsende-Schild biegen wir links in den Grasweg ein. Er hört vor der Umzäunung auf; wir bewegen uns vorsichtig links weglos am Graben entlang, bis dieser mithilfe eines Tonrohrs überquerbar ist. Nachdem wir ihn rechts überschritten haben, entdecken wir Pfadspuren, die zunehmend ausgeprägter werden und sich zu einer Wiesenfuhre „mausern". Diese bringt uns hinauf nach **Oberbreitenlohe.** Dort rechts, über die Hauptstraße und ohne Kursänderung auf dem Feldweg zum Dorf hinaus.

Bei der Gabelung am Ende des Wäldchens nicht rechts, sondern geradeaus weiter. Unser Weg verläuft durch die Fluren, vollzieht eine Rechts-Links-Schwenkung und liefert uns in Höhe der jenseitigen Ortschaft Niedermauck (rechts Blick auf Schloss Sandsee) an einer Autostraße ab. Wir folgen ihr rechts, schwenken aber schon in den zweiten rechts abzweigenden Feldweg ein (rotweißes Kurven-Verkehrszeichen). Wir nähern uns dem Wald, halten uns kurz davor bei der Wegteilung links und laufen anschließend links neben dem Waldsaum hin. Plötzlich versperrt uns ein eingefriedetes Anwesen den Weg! Wir umgehen es links auf schmalem Pfad, steigen die Stufen hinunter und schlupfen durch den engen Bahndurchlass. **Mühlstetten** ist erreicht! Auf der Hauptstraße (Pleinfelder Straße) geradeaus, bis wir rechts die Bahnhofstraße finden. Darauf begeben wir uns zum Bahnhof Mühlstetten, dem Ziel unserer Wanderung.

Die Maukrunde

Anfahrt nach Georgensgmünd mit der VGN-Linie R 6; Rückfahrt von Georgensgmünd ebenfalls mit R 6.

DIE TOUR

Wanderstrecke: Georgensgmünd – 3,5 km – Niedermauck – 4 km – Obermauk – 0,5 km – Mauk – 3 km – Wernsbach – 4 km – Petersgmünd – 1 km – Georgensgmünd; leichtes Gelände.

Einkehrmöglichkeiten: in Niedermauck, Obermauk (nur sonntags ab 10 Uhr), Wernsbach und Georgensgmünd.

Gesamtlänge: rund 16 km.

Gehzeit: ca. 4 Stunden.

 WEGBESCHREIBUNG

Da wir nicht ins Ortszentrum wollen, verlassen wir den Bahnhof **Georgensgmünd** in Richtung Bahnsteig 4 und geraten so zur Wiesenstraße, der wir links folgen. An ihrem Ende rechts über die Schwäbische Rezat, welche sich links drüben bei dem Eisenbahnviadukt „Drei Durchfahrten" mit der Fränkischen Rezat zur Rednitz vereinigt. In Petersgmünd biegen wir nach einigen Metern rechts in den Stöckachweg und an der Kreuzung weiter vorn nochmals rechts in den Heimatweg ein. Nach dem Weiher halbrechts von der Straße ab und dicht am Anwesen vorbei in den Wald.

Wir bleiben stets auf dem schönen grasnarbigen Weg; auch an der Dreiteilung nach der Hochspannungsleitung wandern wir geradeaus. Bei der nächsten derartigen Schneise (rechts Blick aufs Rezattal) geht es leicht abwärts, auf einem Trampelpfad über die Wiese und am Innenrand des Waldes weiter. Dann haben wir erneut einen breiten Weg mit einem grasi-

gen Mittelstreifen unter den Füßen; rechts begleitet uns die Rezataue. Schließlich tauchen voraus Häuser auf; **Niedermauck** 📖 ist erreicht. Ehe wir vor dem Maukbach links auf dem breiten Weg unsere Tour fortsetzen, statten wir dem pittoresken Dorfkirchlein einen Besuch ab. Über den Bach geht's zur Gaststätte hinauf, wo wir den Schlüssel erhalten.

Zurück über den Maukbach und auf dem vorhin erwähnten breiten Weg leicht aufwärts. Bei der Dreiteilung unter der Hochspannungsleitung geradeaus am Waldrand weiter. Wir ändern unseren Kurs nicht, bleiben also im Wald auf der

1288 verkaufte Gottfried von Heideck die Vogtei zu Niedermauck („Mauck" bedeutet „feuchtes, sumpfiges Gelände") an das Deutschordenshaus Ellingen, das im 14. Jahrhundert die gotische St.-Sebastians-Kirche errichten ließ. 1630 erhielt der Turm sein achtseitiges Obergeschoss mit der welschen Haube. In der Mittelnische des barocken Hochaltars steht die spätgotische Holzfigur des heiligen Sebastian (um 1520), flankiert von St. Rochus und St. Laurentius, ebenfalls aus der Spätgotik. Im linken Seitenaltar von 1689 thront eine gotische Marienstatue aus dem 14. Jahrhundert. An der Wand hängt eine um 1600 gefertigte Kopie des Dürergemäldes „Muttergottes mit der angeschnittenen Birne"; in der Sakristei wird ein uralter Beichtstuhl aufbewahrt.

Das malerische St.-Sebastians-Kirchlein in Niedermauck

sandigen Fuhre und ignorieren alle Abzweigungen. Sporadisch sind Markierungen zu sehen (Rotpunkt; in Gegenrich-
tung G 8). Nach einiger Zeit stehen wir zwischen Maschen-
drahtzäunen an einer Wegkreuzung; wir halten uns rechts.
Kurz darauf treffen wir auf eine Waldwegverzweigung; hier
rechts über den Maukbach und geradewegs sacht bergan. Ins
Freie tretend, wenden wir uns vor dem Mast nach links und
spazieren auf der anfangs schwach ausgeprägten Grasfuhre
am Waldsaum entlang. Die B 2 wird sicht- und hörbar. Wir
halten auf unserem Waldrandweg darauf zu, queren sie und
legen auf der Zufahrtsstraße die letzten paar hundert Meter
nach **Obermauk** zurück.

Durch das Dorf, an der kleinen Kapelle vorbei und über
den Maukbach ins unmittelbar anschließende **Mauk.** Wo die
Hauptstraße links abbiegt (Spiegel), gehen wir geradeaus; bei
der folgenden Gabelung entscheiden wir uns für den rechten
Ast. Am Ortsende beschreibt die Straße eine Linkskurve,
wir jedoch haben voraus ein Schottersträßchen erspäht
(Ende Zone 30), auf dem wir unsere Wanderung fortsetzen.
An der nächsten Gabelung strebt es dem Anwesen an der B 2
zu; wir wenden uns aber nach rechts und verschwinden im

Wald. Bald teilt sich unser schöner breiter Weg; wir halten uns links. An der Lichtung (Blick auf Wernsbach) laufen wir ohne Richtungsänderung am eingezäunten Stahlturm vorbei weiter durch den Wald. Ehe wir uns bei der nächsten Forstwegkreuzung (am linken Baum alter blauer Ring und G 4) links waldauswärts orientieren, machen wir rechts einen Abstecher zu den alten Wernsbacher Steinbrüchen mit ihrer wildromantischen Szenerie. Danach kehren wir wieder zur Kreuzung zurück und verlassen nun den Wald. Wir passieren ein Hopfenfeld und steuern auf unserem Feldweg die Häuser von **Wernsbach** 📖 an.

Der Name des 1345 als „Wernspach" urkundlich genannten Ortes geht auf den Erstsiedler Werni zurück, der sich hier am Bach niedergelassen hat.

An einem Weiher vorbei schlängelt sich unser zuletzt geteerter Flurweg am Rand des Dörfchens vor zur Bundesstraße, die wir vorsichtig überschreiten. Drüben (Sackgassenschild, gelber Erdgaspfosten) wird das Teersträßchen nach den isoliert stehenden Häusern zum Feldweg, auf dem wir in den Wald eintauchen. Längere Zeit wandern wir auf dem schönen Forstweg immer geradeaus; Abzweigungen interessieren uns nicht. An der Gabelung in Höhe der links durchschimmernden Lichtung wählen wir den rechten Ast (gelbes Schildchen Rückweg 12 – falls noch vorhanden!). Dieser mündet in einen breiten Forstweg mit Grasmittelstreifen. Darauf bleiben wir auch an der folgenden Wegteilung.

Es geht weiter stets geradeaus, bis uns der Forst entlässt. Zuerst am Waldsaum, dann über die freie Ackerflur und erneut an einem Waldrand halten wir auf Petersgmünd zu. In **Petersgmünd** auf dem Wernsbacher Weg an der Kirche vorbei. Auf der Weiten Wiese und dem Dorfring vor zur Mauker Straße. In diese biegen wir rechts ein, überqueren die Schwäbische Rezat und laufen links durch die Wiesenstraße zum Bahnhof **Georgensgmünd.**

Zum Schloss Sandsee

Anfahrt nach Mühlstetten mit der VGN-Linie R 6; Rückfahrt von Mühlstetten ebenso.

D<small>IE</small> T<small>OUR</small>

Wanderstrecke: Mühlstetten – 7 km – Schloss Sandsee – 1 km – Mischelbach – 4 km – Heinzenmühle – 3 km – Mühlstetten; welliges Gelände.

Einkehrmöglichkeiten: in Mischelbach und Mühlstetten.

Gesamtlänge: rund 15 km.

Gehzeit: ca. 4 Stunden.

 W<small>EGBESCHREIBUNG</small>

Vom Haltepunkt **Mühlstetten** durch die Unterführung und auf der Bahnhofstraße vor zur Hauptstraße (Pleinfelder Straße), welche wir queren. Am Ende der Mühlstraße rechts über die Schwäbische Rezat und nochmals rechts in die Heidecker Straße. Aber schon geht's links den Hirtenbuck hoch. Die Teerung hört auf, wir laufen auf dem Feldweg geradeaus. Links drüben rückt Röttenbach mit seiner Kirche in unseren Gesichtskreis. Wir wollen jedoch nicht dorthin und betreten den Wald. Drinnen biegen wir sofort in den links abzweigenden Grasweg ein (Fachwerk-Markierung). Am Waldende auf dem grasnarbigen Querweg scharf rechts und am Innenrand entlang. Jedoch nur kurz, denn der Weg dreht links hinaus in die „Hochspannungsschneise". Bei der Kreuzung am Mast geht's geradewegs waldeinwärts. Das Forststück haben wir rasch durchschritten; unser Feldweg schlängelt sich nun in Richtung B 2. Darauf vielleicht 50 m rechts, dann links ab. Bei der nächsten Gabelung an der

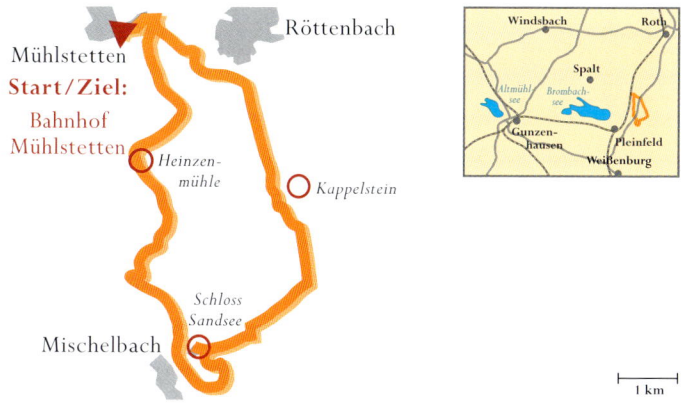

Waldspitze (kleines Feldkreuz) bleiben wir rechts auf dem Feldweg, der mit einem grasigen Mittelstreifen überzogen ist.

Im lichten Wald laufen wir auf unserem breiten Forstweg immer „der Nase nach"; auch bei Kreuzungen ändern wir unsere Richtung nicht. Nach einer längeren Weile haben wir eine „Sandabbaulichtung" zu unserer Rechten, links steigt das Gelände zum 443 m hohen Kappelstein an. Wir treffen auf eine Autostraße, der wir links nur wenige Meter folgen, da wir die rechts zwischen den Waldabteilungen Schwarzweiher und Moosschlag abgehende breite Schotterfuhre benützen. In deren Linkskurve schwenken wir rechts in einen gleichrangigen Weg ein (etwas weiter innen eine völlig verblasste Grünstrich-Markierung). Die schnurgerade Forstfuhre steigt allmählich an. Nachdem wir eine Wegkreuzung gequert haben, biegen wir kurz vor einem idyllischen Weiher rechts in einen grasigen Waldweg ein (Sperrschild von hinten). Nicht lange danach biegt unser Weg links hoch und steigt nach einem kleinen Rechtsbogen stetig an; in der Mitte hat er jetzt einen breiten Grasstreifen. Wir bleiben auf dem Weg, bis er nach der Gabelung (links halten!) weiter oben in einen Querweg mündet. Dieser schlängelt sich rechts über die dünner bewaldete Hochfläche zu einem Fahrweg, welchem wir rechts zum **Schloss Sandsee** 📖 folgen.

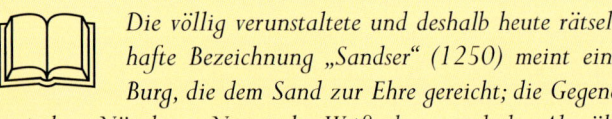

Die völlig verunstaltete und deshalb heute rätselhafte Bezeichnung „Sandser" (1250) meint eine Burg, die dem Sand zur Ehre gereicht; die Gegend zwischen Nürnberg, Neumarkt, Weißenburg und der Altmühl heißt teilweise noch immer „der Sand". 1302 verkaufte Graf Gebhard von Hirschberg die Burg an das Hochstift Eichstätt, dem sie bis 1796 gehörte. Seit 1817 ist sie in Privatbesitz der Fürsten von Wrede. Sie ist nicht zu besichtigen.

Auf dem geteerten Zufahrtssträßchen mit hübschen Blick auf die Umgebung abwärts, bis sich nach etwa 150 m in der Kurve links ein Feldweg löst (Sperrschild). Wir biegen ein und befinden uns wenig später im Hangwald. Weiter unten bringt uns die erste Abzweigung nach rechts (zwischendurch begraster Weg) hinab in den Iglseebachgrund zu einer Wegkapelle. Auf dem Flurbereinigungsweg gelangen wir rechts nach **Mischelbach.** Bei den ersten Häusern halten wir uns rechts, kommen also auf der Bachstraße am Gasthaus vorbei. In der Haarnadelkurve verlassen wir die Straße, machen noch ein paar Schritte geradeaus und verschwinden gleich mit dem ersten rechts abzweigenden Weg (gelbe 4, grauer EWAG-Pfosten) im Wald. Oben auf dem Teersträßchen wenden wir uns nach links. Wir folgen ihm knapp 50 m und schwenken dann halbrechts in einen völlig grasbewachsenen Pfad ein. Wieder im Freien begeben wir uns vor zur B 2, die wir nach Überwindung eines Grabens vorsichtig überqueren. Drüben (Verkehrsschild von hinten) setzen wir unsere Tour auf der Waldfahrstraße fort; Markierungen interessieren uns vorerst nicht.

Nicht weit vor dem Waldende müssen wir Acht geben, dass wir den spitzwinklig rechts abgehenden Grasweg nicht übersehen! Er weist die Rundweg-Markierung 181 auf, die uns bereits an der ersten Kreuzung nach links schickt. Bei der folgenden Gabelung geradeaus und über den Wassergraben, wo wir einen Trampelpfad vorfinden. Darauf rechts weiter und um die Einzäunung herum. Der nun breiter wer-

geradeaus zum Sandabbaugebiet am Heiligenwaldsee. Wir ändern unsere Richtung vorerst nicht und spazieren oberhalb des links unten liegenden Sees an der Hangkante entlang, wobei Schloss Sandsee nochmals in unser Gesichtsfeld kommt.

Nach ein paar hundert Metern zweigt rechts in Höhe der sich von links in den See hineinschiebenden Halbinsel ein grasnarbiger Waldweg ab (am linken Baum Markierung 181 mit Linkspfeil, direkt dahinter 180; am rechten Baum alte Blaukreuz-Markierung); ihn benutzen wir. Erst etliche Meter weiter innen entdecken wir weitere verwaschene blaue Markierungszeichen. Zuletzt geht's kurz hohlwegartig hoch und aus dem Wald hinaus. Nach einigen Schritten sehen wir **Pleinfeld** vor uns liegen. Wir wandern hinunter zum Ortsrand, überqueren die Straße, biegen nach ca. 25 m rechts auf den Rad-und Fußweg ein und laufen am Höhbachweiher entlang, einem wichtigen Feuchtbiotop. Hier finden Libellen und Amphibien einen Lebensraum.

Unser Weg endet an einer Vorfahrtsstraße, der Stirner Straße. Darauf links, durch die Unterführung und sofort rechts in Richtung Bahnhof, wo wir in wenigen Minuten eintreffen.

Am idyllischen Höhbachweiher

Vom Arbachtal zur Deutschordensstadt Ellingen

MIT DEM  UNTERWEGS

Anfahrt nach Pleinfeld mit der VGN-Linie R 6; Rückfahrt von Ellingen ebenfalls mit R 6.

DIE TOUR

Wanderstrecke: Pleinfeld – 7 km – Fiegenstall – 2,5 km – Oberndorf – 1 km – Karlshof – 3,5 km – Ellingen; überwiegend leichtes Gelände.

Einkehrmöglichkeiten: in Pleinfeld, Fiegenstall und Ellingen.

Gesamtlänge: rund 14 km.

Gehzeit: ca. 3,5 Stunden.

 WEGBESCHREIBUNG

Nachdem wir den Bahnhof **Pleinfeld** verlassen haben, wenden wir uns auf der Bahnhofstraße nach links, biegen aber gleich rechts (Wegweiser: Fußweg Ortsmitte) in den Bahnweg ein. Darauf sofort links herum und auf die evangelische Kirche zu. Durch das Spalter Tor, einem Relikt der früheren Stadtbefestigung, betreten wir die „City" von Pleinfeld. 📖

Über den Marktplatz und auf der gewölbten Steinbrücke (Nepomukfigur) über die Schwäbische Rezat. Zur Nürnberger Straße, darauf kurz links und gleich rechts (Wegweiser: Friedhof) in den Hohlweg. Wo dieser nach ca. 20 m rechts umbiegt, gehen wir auf dem Fußweg geradeaus, überschreiten auf einem Holzsteg den Arbach und spazieren auf einem Trampelpfad neben ihm her. Vollends hinauf (nicht rechts über die Brücke!) zum Teersträßchen, darauf rechts unter der Bundesstraße hindurch und erneut rechts. In Höhe des

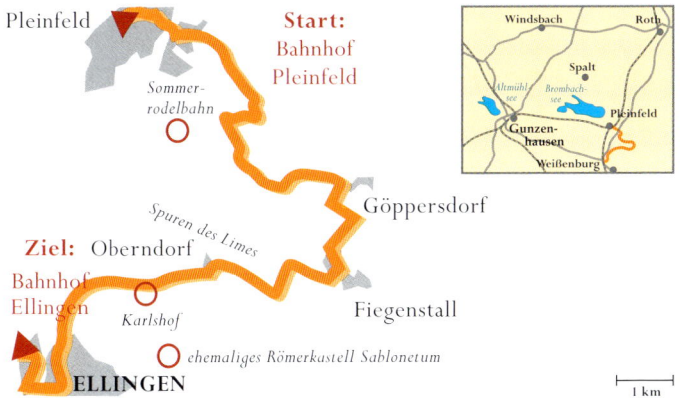

Pleinfeld

Sommer-
rodelbahn

Start:
Bahnhof
Pleinfeld

Göppersdorf

Spuren des Limes

Ziel: Oberndorf

Bahnhof
Ellingen

Karlshof

Fiegenstall

ehemaliges Römerkastell Sablonetum

ELLINGEN

1 km

Windsbach

Roth

Spalt

Altmühl-
see

Brombach-
see

Pleinfeld

Gunzen-
hausen

Weißenburg

Wanderparkplatzes Arbachtal mit der Rundweg-Nummer 183 geradeaus (Sperrschild). Auch an der Kurve nach wenigen Metern ändern wir die Richtung nicht. Wir laufen an dem mit gelben Ziffern markierten Hochspannungsmast rechts vorbei.

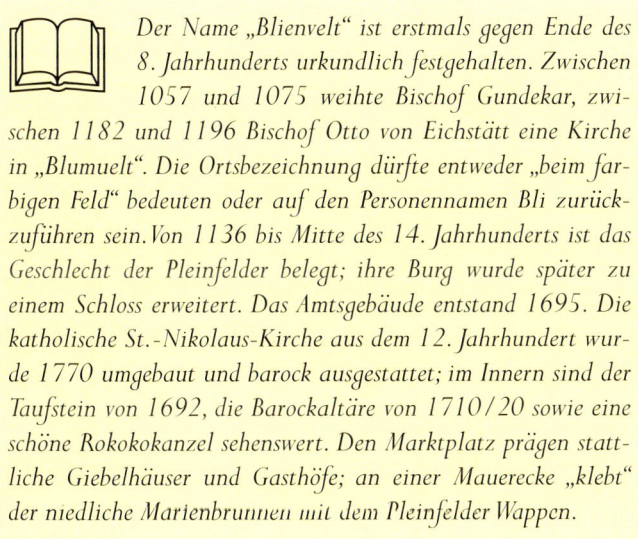

Der Name „Blienvelt" ist erstmals gegen Ende des 8. Jahrhunderts urkundlich festgehalten. Zwischen 1057 und 1075 weihte Bischof Gundekar, zwischen 1182 und 1196 Bischof Otto von Eichstätt eine Kirche in „Blumuelt". Die Ortsbezeichnung dürfte entweder „beim farbigen Feld" bedeuten oder auf den Personennamen Bli zurückzuführen sein. Von 1136 bis Mitte des 14. Jahrhunderts ist das Geschlecht der Pleinfelder belegt; ihre Burg wurde später zu einem Schloss erweitert. Das Amtsgebäude entstand 1695. Die katholische St.-Nikolaus-Kirche aus dem 12. Jahrhundert wurde 1770 umgebaut und barock ausgestattet; im Innern sind der Taufstein von 1692, die Barockaltäre von 1710 / 20 sowie eine schöne Rokokokanzel sehenswert. Den Marktplatz prägen stattliche Giebelhäuser und Gasthöfe; an einer Mauerecke „klebt" der niedliche Marienbrunnen mit dem Pleinfelder Wappen.

Wir haben nun einen schönen Waldweg unter den Füßen. Zu unserer Rechten plätschert der Arbach. An der Gabelung bleiben wir rechts in Bachnähe, wechseln aber nicht auf die

Das Spalter Tor in Pleinfeld

andere Seite. Der Weg steigt leicht an, die Nummer 183 schickt uns jedoch auf einem Steiglein rechts hinunter zum mäandernden Bach. Weiter geht's durch den Wald; bald macht sich der Arbach wieder neben uns bemerkbar. Nach einer Weile stößt von rechts ein Weg zu uns; darauf mit der Markierung 182 scharf rechts ab, über das Brückchen (1,5 t) und hinauf zur Fahrstraße. Wir queren sie ebenso wie die Zufahrt zur Sommerrodelbahn. Drüben auf dem grasnarbigen Schotterweg etwa 50 m links parallel zur Straße, dann rechts waldeinwärts. Es geht bergauf; der Weg zieht eine Linkskurve und steigt stärker an. Oben, an der Wegteilung, entscheiden wir uns für den linken Ast. Nun wandern wir stets geradeaus. Auch bei der Freifläche zu unserer Rechten behalten wir die Richtung bei, ebenso an der folgenden Gabelung, an der sich der breite Weg mit einer Linkskurve verabschiedet.

Kurz vor dem Waldende beordert uns die 182 links hinaus (herrliche Fernsicht!). Längs des Waldsaums zur Fahrstraße, darauf rechts, doch schon beim Parkplatz markierungsgemäß links ab und rechtwinklig links auf dem in der Mitte grasigen Waldfahrweg weiter. Wir bleiben darauf, bis der Weg den Wald verlassen hat und die Häuser von Göppersdorf auftauchen; schöner Blick zum Heidecker Schlossberg! Jetzt Acht geben: Bei der Bank vor dem Baum biegen wir ohne Markierung rechts in die kurvende Teerstraße ein! Nach ein paar hundert Metern zweigt noch vor dem Wasserbehälter links ein Feldweg ab, den wir benutzen. Nach einem Weilchen schwenken wir rechts in den gleichrangigen Wiesenfeldweg ein, von dem wir eine weite Sicht ins Weißenburger Land haben. Wir kommen nach **Fiegenstall** 📖 und wandern auf der Pleinfelder Straße links ortseinwärts.

Im 11. Jahrhundert weihte Bischof Gundekar von Eichstätt eine Kirche in „Foigelstal". Der Name geht auf althochdeutsch „vugili", „Geflügel" zurück, bedeutet also „Siedlung beim Geflügelstall". Die wuchtige Chorturmkirche ist im 14. und 15. Jahrhundert als Wehrkirche entstanden; sie wurde nach dem im Jahr 1598 erfolgten Umbau barockisiert. Die Stuckdekorationen und die Stuckkanzel stammen von Franz Xaver Horneis; das barocke Taufbecken ruht auf einem spätgotischen Fuß. Der Hochaltar aus dem Jahr 1800 ist klassizistisch.

Wir laufen auf der nach Höttingen und Ellingen führenden Ortsstraße weiter. Kurz vor dem Ortsende-Schild schwenken wir rechts in einen Teerweg (6 t) ein und stiefeln darauf leicht aufwärts. Oben (Rundblick!) beschreibt der Weg eine Linkskurve und quert bei der Baumreihe den Limesweg. Danach schwenken wir in den ersten kreuzenden Grasfeldweg rechts ein.

Immer geradeaus wandernd, kommen wir an einem Wäldchen vorbei nach **Oberndorf,** das bereits 1151 existierte. Auf dem Hauptsträßchen links durch das kleine Dorf. Nach dem Ortsende-Schild löst sich rechts ein Schotterweg, auf dem wir längs des Hopfenfeldes dem Wald zustreben. An dessen Spitze bei der Wegkreuzung zunächst noch geradeaus, dann links durch den Waldgürtel und an einem Feldkreuz vorbei zum **Karlshof.** 📖

1487 hieß der Weiler „Plosaw", „bloße, baumlose Aue". 1815 wurde das Gut von Karl Philipp Fürst von Wrede erworben und in „Karlshof" umbenannt.

Wir wandern geradewegs am Hof vorbei. Mit Sicht übers Rezattal geht's auf einem Wiesenweg, der zum Hohlweg wird, hinunter zum Ellinger Sommerkeller. Dort links zum Hügel-Laubwald und an dessen Innenrand auf dem schönen Weg weiter. Zuletzt haben wir einen alleeartigen Pfad unter den Füßen. Er verläuft neben der alten Bundesstraße und liefert uns schließlich am Stadtrand von **Ellingen** ab. Durch das Pleinfelder Tor gelangen wir ins Zentrum. Auf der Schlossstraße überschreiten wir die Schwäbische Rezat und biegen rechts in die Ringstraße ein. Weiter vorn zweigt links der Ziegelweg ab, der uns zum Bahnhof von Ellingen 📖 bringt.

Auf dem Weg vom Karlshof zum Ellinger Sommerkeller

An der Stelle des 899 als „Ellingan" („bei den Leuten des Ello") erstmals urkundlich genannten Ortes stand schon 182 ein Römerkastell. Von 1216 bis 1796 befand sich die einstige Residenz der Landkomture der Deutschordensprovinz Franken im Besitz des Ordens, der mit seinen Bauten ihr Aussehen bestimmte. Von einer einstigen Ummauerung zeugen neben dem Pleinfelder Tor noch einige Stadtmauerpartien. Das Rathaus von 1744, die Pfarrkirche St. Georg (1729–1731), die Mariahilf-Kapelle und die Maximilianskapelle von 1733 gehen auf den Baumeister Franz Joseph Roth zurück. Das mächtige Schloss ist wohl der prächtigste Ordensbau in Deutschland. Die Südfassade, das Treppenhaus, viele im Rokoko oder frühen Klassizismus eingerichtete Räume und die Schlosskirche (Altar von Franz Xaver Feichtmayr) sind die Hauptanziehungspunkte. Erbaut wurde der Komplex zwischen 1711 und 1752 von den Baumeistern Wilhelm Heinrich Beringer, Franz Keller und vor allem Franz Joseph Roth. Ab 1774 wirkte der Franzose Michel d'Ixnard an der Ausstattung mit; ihm sind die klassizistischen Einflüsse zuzuschreiben. Zum Schloss gehören eine Brauerei, Wirtschafts- und Verwaltungsgebäude, ein Park und zwei Orangerien.

Vom Arbachtal über den Spitzbuck zum Iglseebachgrund

MIT DEM VGN UNTERWEGS

Anfahrt nach Pleinfeld mit der VGN-Linie R 6; Rückfahrt von Pleinfeld ebenfalls mit Linie R 6. PKW-Benutzer können ihr Fahrzeug am Wanderparkplatz Arbachtal abstellen (ca. 3 km kürzer). Zufahrt von der B 2 nach dem Pleinfelder Ortsschild links durch die Kleinweingartener Straße und den Arbachweg.

DIE TOUR

Wanderstrecke: Pleinfeld – 8 km – Walting – 4 km – Mischelbach – 4 km – Pleinfeld; leichtes Gelände.

Einkehrmöglichkeiten: in den genannten Orten.

Gesamtlänge: rund 16 km.

Gehzeit: ca. 4 Stunden.

WEGBESCHREIBUNG

Nachdem wir den Bahnhof **Pleinfeld** verlassen haben, wenden wir uns auf der Bahnhofstraße nach links, biegen aber gleich rechts (Wegweiser: Fußweg Ortsmitte) in den Bahnweg ein. Auf diesem sofort links herum und geradewegs auf die evangelische Kirche zu. Durch das Spalter Tor, am Rathaus vorbei, über den Marktplatz und auf der Steinbrücke über die Schwäbische Rezat. Vor zur Nürnberger Straße, darauf kurz links und sogleich rechts (Wegweiser: Friedhof) in den Hohlweg. Wo dieser nach ca. 20 m rechts umbiegt, gehen wir auf dem Fußweg geradeaus, queren auf einem Holzsteg den Arbach und spazieren auf einem Wiesentrampelpfad neben ihm her. Vollends hinauf (nicht rechts über Brücke!) zum Teersträßchen, darauf rechts unter der B 2 hindurch und

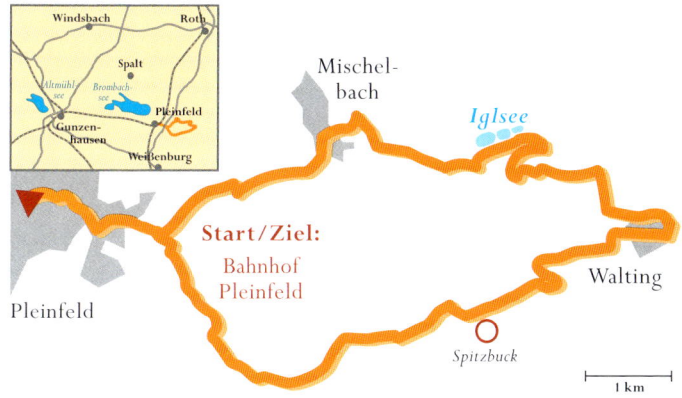

erneut rechts. In Höhe des Wanderparkplatzes Arbachtal mit der Rundweg-Nummer 183 geradeaus (Sperrschild). Auch bei der Kurve nach ein paar Metern ändern wir unsere Richtung nicht und laufen an dem mit gelben Ziffern versehenen Hochspannungsmast rechts vorbei.

Wir haben nun einen schönen Waldweg unter den Füßen. Zu unserer Rechten plätschert der Arbach. Bei der Gabelung bleiben wir rechts in Bachnähe, wechseln aber nicht auf die andere Seite. Der Weg steigt etwas an, die Nummer 183 weist uns jedoch auf einem Steiglein rechts hinab zum mäandernden Bach. Weiter geht's durch den Wald; bald macht sich der Arbach wieder bemerkbar. Nach einem Weilchen stößt von rechts ein Weg zu uns (182); wir wandern unbeirrt geradeaus. Auch jetzt bleiben wir am Bach, wollen also nicht links hinauf. Bei der Dreiteilung entscheiden wir uns für den mittleren (183) der verschieden hohen Wege. Er verläuft weiter durch den Wald, bis wir ins Freie treten und die Blockhütte der Pleinfelder Naturfreunde erblicken.

Davor links am Brünnlein vorbei und im Rechtsbogen hinauf zu einem Flurbereinigungsweg; darauf rechts. Er senkt sich, die Teerung hört auf. Weiter vorn, wo sie wieder beginnt und der Flurweg links nach Kemnathen abbiegt, wenden wir uns nach rechts und der Markierung 185 folgend unmittelbar vor dem Arbach nach links; links oben die Ortschaft Kemnathen. Nach einer Weile müssen wir Acht geben:

Wo der Weg links aufwärts abbiegt, überschreiten wir rechts den Arbach und stapfen weglos hinauf zur Böschung; davor links (alter Wanderwegweiser) und halbrechts vollends empor auf den Spitzbuck. Oben treffen wir einen Wiesenweg an, dem wir links folgen. In der Ecke nicht rechts nach Reisach, sondern am Hangrand bleiben; auch etwas später nicht links hinab oder rechts zum Feldkreuz! Auf der schwach ausgeprägten Wiesenfuhre laufen wir weiter an der Hangkante entlang – zuletzt weglos – und begeben uns vor dem Graben rechts hinauf zur Fahrstraße; darauf bzw. daneben links. In die erste Linksabzweigung schwenken wir ein, queren den Grund und biegen noch vor der Straße (Baumgruppe) in den linken der beiden rechts abgehenden Wiesenwege ein. Voraus wird **Walting** 📖 sichtbar. Wir halten darauf zu und ziehen auf der Hauptstraße dort ein.

Der 1169 als „Waltingen" („bei den Leuten des Walto") urkundlich genannte Ort dürfte bereits im 5. Jahrhundert gegründet worden sein. Die St.-Bartholomäus-Kirche (untere Kirche) ist als Urpfarrei schon vor 1200 entstanden. Die heutige von einer Friedhofsmauer umgebene Pfarrkirche „Unsere liebe Frau" stammt aus dem 13. oder 14. Jahrhundert; 1770 wurde sie barockisiert. Der obere Teil des mächtigen quadratischen Turms ist achteckig. Im Innern befindet sich ein barocker Hochaltar mit der „Madonna von Walting" (um 1500). Seitenaltäre, Kanzel, Stuck und Deckengemälde sind ebenfalls barock. An der Außenseite sind einige Inschriften, Grabmale und ein Missionskreuz angebracht.

Vor der Kirche links und nochmals links in das nach Mischelbach führende Sträßchen. In Höhe des Sportplatzes am Ortsende-Schild rechts ab, auf dem Schotterweg geradeaus längs der Baumhecke in Richtung Wald. Davor links herum und an seinem Rand entlang. Nachdem wir eine Schonung passiert haben, wenden wir uns auf dem Grasquerweg rechts waldeinwärts. Wir erreichen eine Lichtung; an deren Rand

Rückblick auf das vom Schloss Sandsee überragte Mischelbach

innerhalb des Waldsaums links zum Jägersitz. Dann hinaus auf das ruhige Betonsträßchen. Es schlängelt sich rechts hinunter in den Talgrund des Iglseebachs und geht in Schotter über. Nach einer Weile gibt uns der Wald frei; der Blick fällt auf Schloss Sandsee. Am Ortsbeginn von **Mischelbach**  biegen wir rechts in die Bachstraße ein und benützen kurz vor dem Gasthaus den links durch ein Landschaftsschutzgebiet über den Iglseebach führenden Wiesenpfad.

Der Ortsname (1207 „Mistelbach") geht auf die Mistel, eine Schmarotzerpflanze, zurück. Er weist also auf einen Bach hin, an dem Misteln wachsen.

Am Feuerwehrhaus vorbei und an der Kreuzung links durch die Weingartner Straße ortsauswärts. Nach dem Ortsende biegen wir rechts in den grasnarbigen Feldweg ein. An einem Wäldchen vorbei gelangen wir zu einer Fahrstraße, die wir queren. Auf der anderen Seite passieren wir ein weiteres Wäldchen und wandern auf dem Teerweg hinab zum Wanderparkplatz Arbachtal. Rechts durch die Unterführung und auf bekanntem Weg zum Bahnhof **Pleinfeld.**

Über den „Tannhäuser-Burgstall" zum Brombachsee

 Mit dem VGN unterwegs

Anfahrt nach Pleinfeld mit der VGN-Linie R 6; Rückfahrt von Langlau mit der VGN-Linie R 62 bis Pleinfeld und weiter mit R 6.

Die Tour

Wanderstrecke: Pleinfeld – 5 km – Ramsberg – 2 km – Regelsberg – 7 km – Langlau; leichtes Gelände.

Einkehrmöglichkeiten: in Ramsberg (etwas abseits), am Brombachsee und in Langlau am Bahnhof.

Gesamtlänge: rund 14 km.

Gehzeit: ca. 3,5 Stunden.

 Wegbeschreibung

Vom Bahnhof **Pleinfeld** wechseln wir unter den Bahnsteigen hindurch zur Nordseite der Gleisanlagen. Kurz rechts, dann mit der Gelbstrich-Markierung sofort links in den Fußweg. Noch vor der Straße beim Freibad biegen wir an der Holzbank links herum und überqueren den Rasen. Auf der Straße ein paar Schritte links und mit den gelben Zeichen sowie der Nummer 178 rechts auf dem Teerweg weiter. Erst nach dem Sportplatz hört die Teerung auf. Wir verschwinden im Wald und wandern eine ganze Weile dahin, bis wir schließlich an einer Wegverzweigung stehen (Madonnenbildchen und Kruzifix am Baum); hier markierungsgemäß halblinks.

Es geht nun ziemlich lange geradeaus über einen Buckel und auf einem Höhenweg durch schönen Mischwald. Plötzlich schwenkt unser Weg links um! Wenig später sind wir am

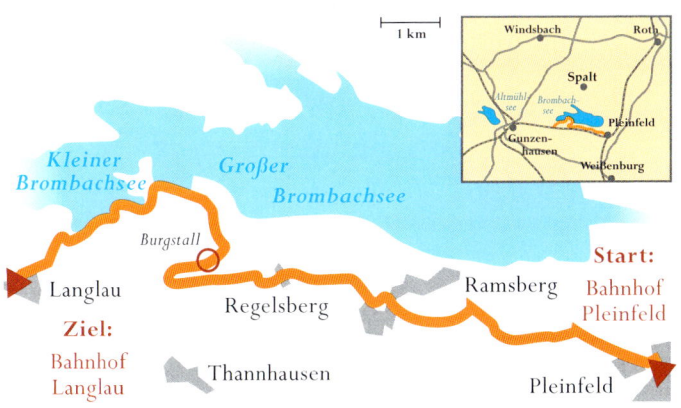

Waldrand angelangt und wandern auf einem Betonweg durch die Felder; weite Sicht nach links über das Banzerbachtal. Bei der Teerweg-Abzweigung weist Gelbstrich geradeaus; wir jedoch laufen rechts abwärts und biegen weiter unten links in den querenden Schotterweg ein. Mit herrlichem Blick über den Großen Brombachsee gelangen wir im Linksbogen zur neuen Jakobskapelle. Danach kommen wir wieder hinauf zu unserem Gelbstrichweg, in den wir uns rechts „einfädeln".

Kurze Zeit darauf erreichen wir den Ortsrand von **Ramsberg.** An der Straßenkreuzung (Steinkreuz-Martergruppe) einige Schritte scharf links, über die Straße und auf dem Fußweg zu den gegenüberstehenden Bäumen. Dort wenden wir uns nach rechts und gehen in den Wald. Bald verabschiedet sich Gelbstrich von uns (geradeaus), während wir mit der Markierung 175 links im Bogen leicht aufwärts gehen und eine Fahrstraße queren. Unser Flurbereinigungssträßchen steigt stetig an. Oben angekommen, erblicken wir voraus bereits die Dächer des Weilers **Regelsberg;** in wenigen Minuten sind wir dort.

Am Hof vorbei, dann jedoch nicht links herum, sondern in gleich bleibender Richtung auf dem in der Mitte grasigen Feldweg zum jenseitigen Forst. Dort entdecken wir die Nummer 136. Wir wenden uns nach rechts und spazieren am Waldrand dahin, bis uns das Nummernzeichen links einwärts weist. Längere Zeit laufen wir immer geradeaus, dann fällt uns rechter Hand eine Sitzgruppe auf. Ein Holzschild am Baum verrät uns, dass wir uns auf dem Burgstall „Altes Schloss" 📖 befinden.

Hier stand im Mittelalter die Burg der Herren von Tannhausen, eines Reichsministerialengeschlechts, dem wohl auch Siboto de Tanhusen, der sagenumwobene Minnesänger Tannhäuser (um 1205–1270), angehörte.

Der Weg fällt immer steiler ab und endet an einem querenden Forstweg, der die Nummer 137 trägt. Wir folgen

Ramsberg mit Blick auf den Großen Brombachsee

ihm rechts, bis uns eine Gelbstrich-Markierung entgegen-
kommt. Beide Zeichen zeigen links in einen unscheinbaren
Grasweg, der uns zum Großen Brombachsee bringt. Auf dem
Promenadenweg links. Stets neben dem Zaun gehend, gelan-
gen wir an den Kleinen Brombachsee. Jetzt nicht über den
Damm, sondern mit der 137 geradeaus am Seeufer weiter.
Jenseits des Sees breitet sich Absberg aus.

Eine gute halbe Stunde führt uns die 137 am Ufer entlang,
wobei wir eine unter Naturschutz stehende Halbinsel umgehen. Bei der Kläranlage teilt sich der Weg; wir halten links
ohne Markierung auf die ersten Häuser von **Langlau** zu.
Die Bahnhofstraße liefert uns am Bahnhof ab, wo unsere
Tour ihr Ende findet.

Vom Brombachsee zur „Bierstadt" Spalt

Anfahrt nach Pleinfeld mit der VGN-Linie R 6; Rückfahrt von Spalt/Altes Rathaus mit der Buslinie 606 bis Georgensgmünd und weiter mit R 6.

Die Tour

Wanderstrecke: Pleinfeld – 4 km – Allmannsdorf – 4 km – Heiligenblut – 3 km – Enderndorf – 2,5 km – Hagsbronn – 2,5 km – Spalt; überwiegend leichtes Gelände.

Einkehrmöglichkeiten: in den genannten Orten, ausgenommen Heiligenblut.

Gesamtlänge: rund 16 km.

Gehzeit: ca. 4 Stunden.

 Wegbeschreibung

Nachdem wir in **Pleinfeld** aus dem Zug gestiegen sind, verlassen wir den Bahnsteig in Richtung Brombachsee. An der Nordwestseite entdecken wir einige Markierungen, darunter M/D und Blaukreuz, die uns nach wenigen Rechtsschritten sofort links in einen Fußweg weisen. An dessen Ende geradewegs (Wegweiser: Ferienzentrum) am Ortsende-Schild vorbei in den Wald. Wir laufen links auf dem Teersträßchen weiter, das merklich ansteigt. Nach einem Weilchen zeigen die blauen Zeichen rechts in einen Waldweg. Am Strommast vorbei wandern wir stets geradeaus, bis sich an einer lichten Stelle einige Wege verzweigen.

Hier trennen wir uns von Blaukreuz und steigen mit M/D scharf links aufwärts. Weiter oben wird rechts der Große Brombachsee sichtbar; M/D schickt uns gleich darauf dort-

SPALT

Ziel:
„Bierstadt"
Spalt

Hags-
bronn

Endern-
dorf

Allmanns-
dorf

*Großer
Brombach-
see*

Heiligen-
blut

Start:
Bahnhof
Pleinfeld

Pleinfeld

Windsbach   Roth

Spalt

Altmühlsee   *Brombachsee*   Pleinfeld

Gunzen-
hausen

Weißenburg

1 km

hin. Wir betreten den Abschlussdamm, von dem aus wir den gesamten See überblicken können und auf dem wir gemütlich dahinspazieren. Rechts unten gerät die von Weihern umgebene Mandlesmühle in unser Blickfeld; rechts drüben Schloss Sandsee und der Heidecker Schlossberg. Am Dammende mit M/D schräg rechts über die Straße, auf einem Trampelpfad zum Ortsschild und hinein nach **Allmannsdorf.** 📖

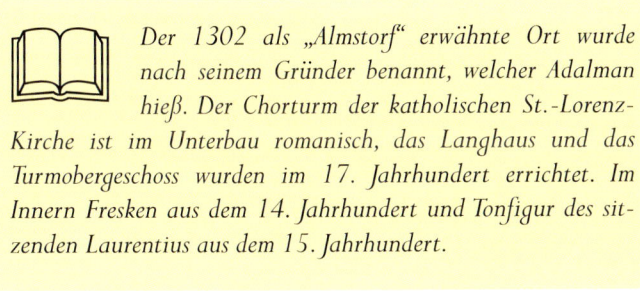

Der 1302 als „Almstorf" erwähnte Ort wurde nach seinem Gründer benannt, welcher Adalman hieß. Der Chorturm der katholischen St.-Lorenz-Kirche ist im Unterbau romanisch, das Langhaus und das Turmobergeschoss wurden im 17. Jahrhundert errichtet. Im Innern Fresken aus dem 14. Jahrhundert und Tonfigur des sitzenden Laurentius aus dem 15. Jahrhundert.

Links geht's durch das Dorf. Zu unseren M/D-Symbolen gesellt sich die Nummer 167. Beim letzten Hof auf der linken Straßenseite weisen die Zeichen links in einen zunächst geteerten Feldweg. Wir folgen dem Weg, der uns hinauf zum Wald bringt, in den wir alsbald eintauchen. Die Markierungen lotsen uns auf teilweise romantischen Pfaden zu einer Straße. Wir folgen ihr links jedoch nur etwa 40 m, dann verabschieden wir uns rechts auf einem Forstweg von ihr.

Durch Fichten- und Kiefernwald ziehen wir dahin, wobei wir zwischendurch Wege kreuzen und eine größere Lichtung passieren, in deren Mitte der Weiler Birklein liegt. An der zweiten Forstwegkreuzung nach der Lichtung verlässt uns M/D nach rechts, während wir mit 167, 169 und dem Fachwerk-Symbol geradeaus gehen. Unser Weg beschreibt einen Linksbogen und fällt allmählich ab. Weiter unten wenden wir uns scharf nach rechts (Zeichen – auch Spalt 6 – beachten!); anschließend folgt eine Linkskurve. Es geht weiterhin bergab. Im Grund bei den Weihern zeigen die Markierungen nach links. Später bleiben wir am Waldrand und treffen auf ein abknickendes Verbindungssträßchen, auf dem wir, ohne die Richtung zu ändern, zur Kapelle bei **Heiligenblut** gelangen.

 *Die 1444 entstandene ehemalige Wallfahrt geht der Sage nach auf einen Hostienfrevel zurück: Ein armer Tagelöhner aus Unterbreitenlohe ließ sich überreden, in der Kirche zu Stirn eine geweihte Hostie zu stehlen, die er zu einem vereinbarten Treffpunkt brachte. Dort verlangte der Auftraggeber, die Hostie auf einen Fichtenstock zu legen und dreimal mit der Axt darauf zu schlagen. Als dies geschehen war, floss Blut heraus. Der Tagelöhner rannte vor Schreck davon und erzählte alles. Das heilige Blut wurde aufgefangen und in einem Behälter aufbewahrt. Die Geschichte von der blutenden Hostie sprach sich schnell herum. Über dem Fichtenstock errichtete man zunächst einen Altar, dann eine Kapelle und schließlich eine Wallfahrtskirche. 1706 wurde daneben ein Franziskanerkloster und 1742 ein Klosterkonvent gegründet. Im Zuge der Säkularisation wurde die Kirche 1808 geschlossen und 1810 abgetragen. An das bereits 1803 aufgehobene Wallfahrtskloster, auf dessen Grund seit 1908 ein ansehnlicher Bauernhof steht, erinnern nur noch wenige Mauerreste.*

Am Ende der Teerung gehen wir geradewegs durch einen Waldgürtel zum Großen Brombachsee und auf dem Uferweg rechts weiter. Von der anderen Seite grüßt Ramsberg. Nach einer längeren Wanderung zwischen See und Wald ziehen wir in **Enderndorf** 📖 ein und orientieren uns rechts ortseinwärts.

1347 findet „Enterndorf" in einer Urkunde Erwähnung. Der Ortsname bedeutet „zum jenseitigen Dorf" (von Spalt aus gesehen). Das einstige Schlösschen der Freiherren von Harsdorf ist noch vorhanden; seit 1995 wird es als Informationszentrum genutzt.

Von der Freiherr-von-Harsdorf-Straße biegen wir sofort links in den Schwarzfeldweg ein und laufen am Friedhof vorbei. Das Sträßchen steigt merklich an (Rückblicke über den Brombachsee!). Oben hört der Asphalt auf. Voraus sind schon die ersten Häuser von Hagsbronn auszumachen; wir halten geradewegs auf sie zu. Auch wenn sie sich zwischendurch verstecken, können wir sie nicht verfehlen. Auf der Fahrstraße ungefähr 30 Schritte links, dann rechts abwärts, am Löschweiher vorbei. Über Stufen hinab und rechts zum Bergkirchlein von **Hagsbronn.** 📖

Hagsbronn geht auf eine Einsiedelei zurück. Im 9. Jahrhundert soll gegenüber der heutigen Kirche der Eremit Hans Schuster gelebt haben. Am 16. Juni 1261 wurde das Kirchlein „zum anderen malen" („erneut") dem heiligen Ägidius geweiht. Bei dem Langhaus handelt es sich um einen romanischen Bau aus dem Jahr 1261; den Chor hat man 1507 erneuert. An der Nordwand wurden Reste von spätgotischen Wandfresken freigelegt. 1724 wurde die Kirche erweitert und barock ausgestattet. In der Hauptnische des Hochaltars steht eine spätgotische Ägidiusfigur aus der Zeit um 1480.

Vor der Kirche mit der neuen Markierung 153 links ab und rechts auf einem geschotterten Fußweg hinunter, wobei wir die Aussicht auf die beeindruckende Stadtsilhouette von Spalt genießen. Unten setzt sich der Pfad als Teerweg fort. Wir spazieren an einigen Häusern vorbei und kommen in den Hatzelbachgrund. Am Ortsrand von **Spalt** 📖 überqueren wir den Hatzelbach und wandern rechts weiter. 153 weist uns halbrechts in die Saazer Straße. An deren Ende geradeaus und links über die Holzbrücke ins Zentrum von Spalt. Bevor wir am Alten Rathaus in den Bus steigen, wollen wir uns die „Bierstadt" näher ansehen.

Der Ortsname Spalt ist auf „Spalte" für „Schlucht" zurückzuführen. Tatsächlich liegt die Stadt am Ende mehrerer Täler bzw. Schluchten.

Bereits um 800 gab es in Spalt das Benediktinerkloster St. Salvator. 1538 wurde ein Hopfensiegel verliehen, das älteste in Deutschland! Neben der Stadtbefestigung aus dem 14. Jahrhundert sind die fünf Türme und das Obere Tor von 1422 gut erhalten. An den Mauern „kleben" einige alte Häuschen; sehr romantisch ist das „Schlenzgerhaus". Weitere signifikante Bauten sind die hohen Fachwerk-Hopfenhäuser, das Alte Rathaus (1524), das Neue Rathaus (1751) und die Hopfensignierhalle im ehemaligen Korn- und Zehnthaus (1490).

Die 1037 als Chorherrenstift gegründete St.-Emmeram-Kirche geht auf das karolingische Kloster St. Salvator zurück; Teile des jetzigen Baus stammen noch aus dem 12. Jahrhundert. 1698/99 erfolgte eine wesentliche Neu- und Umgestaltung, 1700–1720 die barocke Innenausstattung. 1795 wurde der Südturm abgetragen. Im Innern findet man zahlreiche Epitaphe. Die „Spalatin-Madonna" von 1519 (am Volksaltar links) stand ursprünglich in der Schlosskirche von Wittenberg.

Teile der 1295 vom Nürnberger Burggrafen Konrad und seiner Gemahlin Agnes gestifteten Nachbarkirche St. Nikolaus stammen aus dem frühen 14. Jahrhundert. 1767–1771 wurde die Kirche umfassend barockisiert. Im Innern beeindrucken kunstvolle Deckengemälde, außen viele Grabdenkmäler.

Die Stadtbefestigung von Spalt ist gut erhalten

Blick vom Abschlussdamm auf die Weiher um die Mandlesmühle

Durchs Schnittlinger Loch zum Großen Brombachsee

Mit dem  unterwegs

Anfahrt nach Spalt/Altes Rathaus mit der VGN-Linie R 6 bis Georgensgmünd; weiter mit Buslinie 606; Rückfahrt von Enderndorf/Seeufer mit der Linie 606 bis Georgensgmünd (sonn- und feiertags auch Buslinie 607 bis Schwabach) und weiter mit R 6.

Die Tour

Wanderstrecke: Spalt – 6 km – Fünfbronn – 4 km – Igelsbach – 9 km – Enderndorf; hügeliges Gelände.

Einkehrmöglichkeiten: in den genannten Orten.

Gesamtlänge: rund 19 km.

Gehzeit: ca. 5 Stunden.

Wegbeschreibung

Von der Bushaltestelle Altes Rathaus in **Spalt** laufen wir die Hauptstraße empor und biegen gegenüber der Kirche rechts in Richtung Oberes Tor ab. Vor diesem links durch die Turmgasse und sofort nach den „Heimatstuben" rechts über den Holzsteg. Rechts und nach dem „Bayerischen Hof" halblinks in die Saazer Straße, die sich an einer Pferdekoppel vorbeischlängelt. Danach führt uns die Markierung Spalt 4, die uns bis Fünfbronn bringen wird, links zu einem Steinbrückchen. Hinüber und auf der Straße Kapellenberg weiter, bis wir nach den Schrebergärten (dahinter ein Weiher) an dem Wegkapellchen rechts in einen Schotterweg einschwenken. Darauf anfangs geradeaus, dann durch einen windungsreichen Hohlweg bis zu einem Wassertank. Hier markierungsgemäß rechts durch die Flur. Wo sich der Feldweg gabelt, entscheiden wir uns für den grasigen linken (oberen) Ast.

Nach einer Weile biegt die Route nach rechts und trifft bald auf einen Waldspielplatz. Davor rechts hinab zur Straße. Darauf rechts, an einem Weiher vorbei zu einer Sitzgruppe. Links herum (nun auch Rundweg 153) Richtung Schnittlinger Loch 📖. Der Hatzelbachgrund liegt jetzt zu unserer Linken. Es geht stets geradeaus; Blaustrich und Blaukreuz gesellen sich von rechts zu uns. Beim ersten Fischweiher am Waldrand weiter; Blaukreuz verlässt uns. Der Weg steigt an, quert den Hatzelbach und teilt sich am Eingang zum Schnittlinger Loch. Links über den Holzsteg geht's in die Schlucht.

Ein relativ gut begehbarer Pfad lotst uns durch die wildromantische Versturzschlucht. An deren Ende links unter den Felsen hindurch und die steilen Treppen hoch zu einem schmalen Weg; darauf mit Spalt 4 links. Unsere Route entfernt sich von der Schlucht (153, Spalt 4) und windet sich durch den Wald hinauf zu einer Wiese. Davor links; der schmale Weg schlängelt sich durch den Wald. Plötzlich befinden wir uns an seinem Rand auf einer Wiesenfuhre! Weiter

Das Schnittlinger Loch ist durch Unterwaschungen und Unterspülungen entstanden, wodurch sich Halbhöhlen, Felsabstürze und Trümmerfelder gebildet haben. Hier entspringt der bei Spalt in die Fränkische Rezat mündende Hatzelbach.

49

vorn tauchen wir ohne Kursänderung erneut in den Wald ein. Wir durchschreiten ihn, wenden uns auf der Straße nach rechts, beim Feldkapellchen wieder nach rechts und steigen auf der Straße an. Links unten liegt Keilberg. Wo die Rechtskurve der Straße beginnt, zeigen die Markierungen links in einen grasnarbigen Schotterweg. Er wird zum Wiesenweg, der an einem Schotterweg endet. Diesem folgen wir rechts mit Blick auf **Fünfbronn** 📖. Am Teerübergang geradeaus (nicht mit 152 links!), dann links auf die Häuser zu.

Die evangelische Pfarrkirche von Fünfbronn wurde 1873/75 erbaut; ihr Turm ist im Unterbau romanisch. Das Dorf weist mehrere imposante Hopfenbauernhäuser mit Steilsatteldächern auf.

Wir bleiben draußen auf dem Flurbereinigungsweg (die Sicht reicht bis zur Wülzburg!). Er endet an einem vom Dorf kommenden Querweg, in den wir links einbiegen. Nun vertrauen wir uns der Blaustrich-Markierung an. Schöner Rückblick auf das malerisch auf einem Bergrücken liegende Fünfbronn. Unser zunächst geschotterter Feldweg schlängelt sich bergab, ist zwischendurch kurz gepflastert und löst sich vor einer Wiese auf. Blaustrich beordert uns jedoch schräg rechts über diese Wiese zu einem Jägersitz am Waldsaum. Dort beginnt ein schmales Teersträßchen, das uns kurvenreich durch den Wald hinauf zu einer Autostraße bringt. Darauf ein paar Schritte links und gleich wieder rechts ab.

Es geht nun am Waldrand entlang, zuerst auf einem Schotter-, dann auf einem Grasweg. Plötzlich zeigen die blauen Striche links in einen verwilderten Waldpfad, der fast völlig zugewachsen ist! Nach einigen Metern wird er besser und fällt gerade durch den Wald ab. Unten rechts herum und auf dem begrasten Weg in gleich bleibender Richtung aus dem Wald. Anschließend wenden wir uns nach links und begeben uns ins Igelsbachtal. Auf dem Verbindungssträßchen erreichen wir rechts **Igelsbach.** Nach dem ersten Haus links;

auf der Vorfahrtsstraße wieder links. Wo die Hauptstraße eine Rechtskurve beschreibt, laufen wir mit Blaustrich, einer Jakobsmuschel und den Rundwegen 139 und 116 geradeaus. Diese Markierungen zeigen bereits in die erste Rechts- abzweigung. Auf diesem Flursträßchen wandern wir im Linksbogen aufwärts und durch ein kleines Waldstück. Danach Aussicht nach links zum Igelsbachsee. Das Sträßchen vollführt eine Rechtskrümmung und steigt weiter an (Rück- blick!). Voraus sehen wir den Gräfensteinberger Wasser- turm. Wir orientieren uns jedoch an der Gabelung links und halten auf Geiselsberg zu. Bereits nach knapp 200 m verlas- sen wir die Blaustrich-Route und biegen mit Nummer 139 unter der Hochspannungsleitung links in den mit einem Sperrschild versehenen Feldweg ein. Er senkt sich sacht und passiert im Wald eine rechts befindliche Wiesenlichtung.

Nach dem Ausblick zur Linken steigt unser links drehender Weg kurz etwas an und verläuft nun längere Zeit stets in der Nähe bzw. in Sichtweite des Waldrandes; begleitet werden wir von der 139. Schließlich weichen die Bäume zurück, wir gehen ohne Kursänderung am Außenrand auf einem Teer- sträßchen; links der Igelsbachgrund. In der Rechtskurve di- rekt beim erneuten Waldeintritt verlassen wir das Sträßchen und laufen geradeaus auf dem Waldweg weiter; die ausge- dienten Markierungen interessieren uns nicht! Am Waldende rechts auf dem grasigen Randweg hinauf zu einem Schotter- sträßchen, dem wir links folgen. Das Gewässer links unter- halb ist sozusagen eine abgetrennte Bucht des Igelsbachsees.

Wir überqueren die Straße Stockheim–Absberg, wenden uns nach links und fädeln uns nach ein paar Metern rechts in den Fuß- und Radweg ein, der sich am Ufer des Igelsbach- sees hinzieht. Rechts oben erblicken wir einige Häuser von Absberg. Nachdem wir zwei größere Buchten umrundet haben, sehen wir rechts oberhalb den Schellhof liegen. Vo- raus fällt unser Blick auf den Damm, der den Igelsbachsee vom Großen Brombachsee trennt. Durch eine Waldabteilung kommen wir auf unserem Uferweg dorthin. Wir überqueren den Damm und beenden unsere Tagestour in **Enderndorf.**

Zur Rieterkirche in Kalbensteinberg

MIT DEM  UNTERWEGS

Anfahrt nach Spalt / Lange Gasse mit der VGN-Linie R 6 bis Georgensgmünd und weiter mit der Buslinie 606; Rückfahrt von Spalt / Lange Gasse in umgekehrter Reihenfolge.

DIE TOUR

Wanderstrecke: Spalt – 3 km – Höfstetten – 0,5 km – Hohenrad – 1,5 km – Theilenberg – 1,5 km – Untererlbach – 2 km – Kalbensteinberg – 5,5 km – Mühlreisighaus – 2 km – Spalt; hügeliges Gelände.

Einkehrmöglichkeiten: nur in Kalbensteinberg und Spalt.

Gesamtlänge: rund 16 km.

Gehzeit: ca. 4,5 Stunden.

 ## WEGBESCHREIBUNG

Von der Bushaltestelle in **Spalt** wandern wir durch die Lange Gasse, bis diese rechts emporbiegt. Hier laufen wir links auf der Straße Am Wasserrad (Markierungen Spalt 7 und 8, M/D) weiter. Nach den letzten Häusern geht es stets geradeaus, den Steg links drüben beachten wir nicht. Links nähert sich zwischendurch die Fränkische Rezat. Die Teerung hört auf, ein grasnarbiger Pflasterweg beginnt. An dessen Ende im Tal geradeaus und durch ein Waldstück; links die Betriebsgebäude von Trautenfurt. Im Hangwald teilt sich der Weg nach einem Weilchen; wir bleiben markierungsgemäß rechts am Innenrand. Auch bei der nächsten Gabelung nehmen wir den rechten oberen Weg, der leicht ansteigt. Außen setzt er sich als Pfad fort, der sich schließlich hinab nach **Höfstetten** senkt. Am Betonmast weist M/D nach rechts,

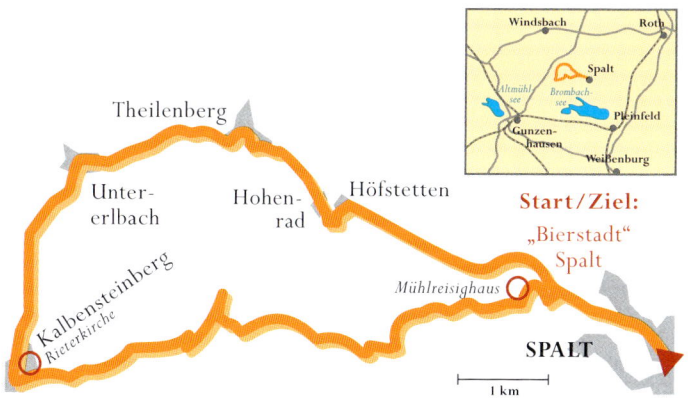

Start/Ziel:
„Bierstadt"
Spalt

wir jedoch wenden uns nach links und durchschreiten das Gelände der Gärtnerei Spachmüller. Über den Rezatsteg kommen wir zur Autostraße; darauf links und rechts herum in Richtung Nördlingen.

Jetzt Acht geben: Unmittelbar nach dem grünen Ortsschild von **Hohenrad** (Bushaltestelle) müssen wir rechts abbiegen! Vor der Scheune links und ganz eng um das Fachwerkhaus herum. An seiner Rückseite die Steinstufen hoch und von der Terrasse über den kleinen Wiesenhang hinauf zum Wald. Dort halbrechts hinein; eine völlig verblasste Markierung (mit viel Fantasie kann man die Nummer 126 erkennen) hängt an einem Baum. Der etwas verwachsene Waldweg steigt kräftig an, wobei er einen Querweg kreuzt. Weiter oben beordert uns die 126 rechts auf einen Grasweg, der sofort einen Linksbogen beschreibt. Wir spazieren am Hangrand entlang, bis uns die Markierung nach links schickt. Kurz darauf verschwinden wir auf dem Weg ganz links wieder im Wald und steigen mit der 126 erneut an. Serpentinenartig windet sich der Weg empor (nicht von der 156 irritieren lassen!). Zuletzt geht es geradeaus aufwärts aus dem Wald hinaus, wo wir einen völlig übergrasten Weg vorfinden. Über die freie Flur halten wir auf **Theilenberg** 📖 zu, wobei wir einen herrlichen Rundblick (u. a. Burg Abenberg, Nürnberger Fernmeldeturm) genießen und den einstigen Standort einer spätkarolingischen Burg passieren.

 *Der Name des 1054 als „Thilenburc" urkundlich genannten Ortes geht auf den Erstsiedler Tilo zurück. Vor kurzem wurde der Befestigungsring der spätkarolingischen Burganlage freigelegt, die man jedoch bereits im 10. Jahrhundert aufgelassen hatte; die Ausgrabungen können besichtigt werden. Die katholische Pfarrkirche St. Wenzeslaus wurde 1724 neu errichtet und zeitgemäß ausgestattet, nachdem der mittelalterliche Vorgängerbau im Dreißigjährigen Krieg den Flammen zum Opfer gefallen war. Beachtenswert ist eine spätgotische Marienfigur mit Kind (um 1500).*

Vor der Kirche mit Blaukreuz und Jakobsmuschel links dorfauswärts. Am Ortsende aber nicht mit den Markierungen links, sondern auf dem Schotterweg geradeaus; schöner Blick übers Erlbachtal! Wir kommen an einer Wegkapelle vorbei und wandern ohne Kursänderung am Waldsaum entlang. Das völlig ausgebleichte Wegtäfelchen weiter vorn sollte eigentlich die Nummer 126 aufweisen. Bei der sofort folgenden Gabelung bleiben wir außen auf dem Wiesenweg, der evtl. mit hohem Gras bestanden sein kann. Er fällt ab zum Wald, in den wir mit unserer 126 links eintauchen. Der zwischendrin stark verwachsene Waldweg windet sich hinab zu einem kurvenden Feldweg; darauf rechts! Eine Einzäunung müssen wir rechts umgehen, wobei wir einen Pfad am Innenrand des Waldes benützen. Nach einem Weilchen gelangen wir über einen Wiesenweg links hinunter nach **Untererlbach.**

Rechts durch den Ort, bis die Hauptstraße eine Rechtskurve beschreibt. Hier biegen wir noch vor der Bushaltestelle und dem Briefkasten links ab und gehen im Linksbogen auf dem breiten Schotterweg an der „Ferienwohnung Maurer" vorbei. Anschließend geradeaus – auch bei der Gabelung! – und auf vollkommen grasüberwachsenem Weg hoch zum Wald. Drinnen steigen wir auf dem linken der beiden Wege (Markierung 126) fast kerzengerade kräftig an. Vom Waldende in gleich bleibender Richtung über die Hochfläche (Weitblick!) auf **Kalbensteinberg** 📖 zu. Im Ort in Höhe des Telefonhäuschens (Briefkasten) links zur Kirche.

Von der Kirche rechts zwischen den Häusern Nr. 64 und 70 (Pfarrhaus) mit der Blaukreuz-Markierung aus dem Ort. Das Flurbereinigungssträßchen fällt allmählich ab. Unmittelbar vor der rechts unten befindlichen Kläranlage heißt es Acht geben, denn wir müssen in den halblinks abgehenden grasnarbigen Feldweg einbiegen (Blaukreuz im Gebüsch bzw. zwischen Brennnesseln versteckt)! Er verläuft relativ gerade und senkt sich dem Wald zu; auch die 126 macht sich wieder bemerkbar. Am jenseitigen Rand der Lichtung (Bank) wenden wir uns nach rechts und bleiben an ihrem Ende markierungsgemäß links oben. Zu unserer Rechten hat sich der Reichertsgraben eingeschnitten. Der Weg steigt kurz an und mündet in ein geschottertes Forststräßchen. Wir verlassen es auf dem nächsten spitzwinklig rechts abgehenden Weg und überschreiten den Graben. Drüben verabschieden wir uns von Blaukreuz, weil wir mit der 154 und Spalt 4 auf dem

Das 1282 als „chalwen steinberg" („Siedlung am kahlen Berg") erstmals erwähnte Dorf ist im Spätfrühling von einem Meer weißer Kirschblüten umgeben. Die heute evangelische Pfarrkirche wurde 1461 von der damaligen Ortsherrschaft erbaut, der Nürnberger Patrizierfamilie Rieter. Innen über dem Portal prangt ihr Wappen, eine doppelgeschwänzte Sirene. Im Renaissance-Hochaltar steht eine spätgotische, von der Sonne bekleidete Madonna auf der Mondsichel. In der Predella ist der Kirchenstifter Hans Rieter mit seiner Familie vor der Kulisse des Kornburger Stammschlosses dargestellt; auch auf den bunten Chorfenstern von 1480 ist die Stifterfamilie zu sehen. Die Kreuzigungsgruppe sowie die anderen Plastiken, das Sakramentshäuschen und das Chorgestühl stammen ebenfalls aus vorreformatorischer Zeit; Empore, Herrschaftsloge und Totenschilder gehören dem Barock an. Die Theodorus-Ikone (Anfang des 16. Jahrhunderts) und der um 1470 entstandene Palmesel sind weitere Besonderheiten.

Forststräßchen links weiterwandern; den Graben haben wir jetzt links unten.

Nach einiger Zeit müssen wir besonders gut aufpassen, denn unsere Markierungen schicken uns scharf rechts empor! Im lang gezogenen Linksbogen steigen wir auf dem Schotterweg an, dem wir eine Weile folgen; die Zeichen führen uns. Wo sich der Weg links leicht abwärts schlängelt, schwenken wir halbrechts in einen anfangs grasigen Weg ein. Dieser windet sich auf und ab durch den Wald, bis wir schließlich ins Freie treten. Hier halten wir uns links. Am Ende des Hopfenfeldes, direkt vor Beginn der Teerung, zweigen wir mit der 154 links ab und biegen rechts herum. Von unserem Waldrandweg aus sehen wir links Theilenberg.

Der Weg biegt links und rechts um und setzt sich im Wald fort; auf die 154 ist Verlass. Wir müssen aber die Augen offen halten, denn sie weist nach einer Weile nach links und gleich wieder nach rechts! Links wird zwischendurch der Blick zu den Hügeln jenseits des Rezattals frei. Dann dreht der Weg nach rechts und liefert uns bei einem Bauernhof am Waldrand ab. Daran vorbei kommen wir auf dem Sträßchen (Sicht über Spalt!) zum **Mühlreisighaus.** 📖

Auf dem Kopfsteinpflaster wandern wir hinab zur Autostraße, die wir überqueren. Nun geht's in den Rezatgrund. Unten rechts längs des Hopfenfeldes zum hölzernen Schafsteg, auf dem wir die Fränkische Rezat queren. Auf dem Flurbereinigungsweg rechts und mit Blick auf die Spalter Kirchen am Weiher vorbei zum Ortsrand von **Spalt.** Durch die Lange Gasse kommen wir zurück zum Ausgangspunkt unserer Wanderung.

Das stattliche Hopfenbauernhaus aus dem Jahr 1746 ist ein Meisterwerk der Zimmermannskunst. Über dem massiven Erdgeschoss weist es ein schönes Fachwerk auf und über dem fünfstöckigen Giebel wölbt sich ein vierfach gebrochenes Steilsatteldach mit Trockenschlitzen in den Hopfenböden.

Die Bezeichnung der beherrschend über Wernfels thronenden Burg ist ein Prunkname und bedeutet „herrliche Burg", wie aus den älteren Schreibweisen „ze dem werten Fels" und „Werdenvels" zweifelsfrei hervorgeht. Einst gehörte die Burg den Grafen von Abenberg, 1259 war sie im Besitz der Herren von Rindsmaul und 1284 kam sie an das Bistum Eichstätt. Die heutige Burg stammt überwiegend aus dem 17. Jahrhundert. Der Bayerische Staat, der sie 1802 übernommen hatte, ließ sie verfallen. 1884 rettete jedoch Professor Braun die Burg. Seit 1925 dient sie als Jugendburg. Die barocke Wegkapelle vor dem äußeren Torhaus datiert aus der Zeit um 1700.

Burghof, von dem aus wir ebenfalls eine großartige Aussicht übers Rezattal genießen.

Wir wandern abwärts ins Ortszentrum von **Wernfels.** Noch vor der Vorfahrtsstraße geht's mit Blaukreuz und M/D rechts herum (Unter der Burg) und weiter bergab, ebenso auf der Stiegelmühler Straße. Nach der Wegkapelle schicken uns die Markierungen in Höhe des 50-km-Schilds halbrechts und links am Haus vorbei in einen grasigen Feldweg. Dieser

Trutzig thront die Burg Wernfels über dem Rezattal

An der Fränkischen Rezat bei der Stiegelmühle

gabelt sich; wir halten uns rechts und steigen durch einen von Büschen gesäumten Hohlweg hinunter zur **Stiegelmühle.**

Wir gehen schräg über die Straße und vom Parkplatz des Gasthofs „Blumenthal" hinab zur Fränkischen Rezat. Über zwei schmale Stege gelangen wir ans andere Flussufer und nach einer vage angedeuteten Rechtswendung geht's mit Blaukreuz sofort halblinks, den in den Wald führenden Steig hoch. Zunächst bleiben wir noch an seinem Innenrand, dann steigt die Route geradewegs kurz an und verläuft in etwa auf halber Höhe. Nach einer Weile senkt sich der Weg zu einer Waldfuhre, der wir links durch eine Hohle aufwärts folgen; bei der Teilung entscheiden wir uns für den linken Ast, welcher zusätzlich mit Spalt 8 gekennzeichnet ist. Unser Weg windet sich langsam, aber stetig empor auf den Bärenberg, der früher die Bärenburg trug. Falls wir uns einen Eindruck von dieser ehemaligen keltischen Ringwallanlage (um 500 v. Chr.) verschaffen wollen, machen wir beim Holzwegweiser links mit Blaukreuz einen Abstecher dorthin (evtl. Wallumrundung – ca. 15 Minuten), müssen aber wieder hierher zurück.

Ansonsten bleiben wir Spalt 8 treu, wobei wir bald einen mittelstreifigen Forstweg unter den Füßen haben. Einen weiteren Wegweiser zur Bärenburg beachten wir nicht. Nach einer geraumen Weile biegt unsere Route rechts um einen Taleinschnitt herum. Wieder etwas später gesellt sich von links Spalt 9 zu uns. Im Rechtsbogen geht es bergab zum Waldrand, wo wir von einem tollen Blick über Spalt überrascht werden.

Unsere Doppelmarkierung schickt uns rechts-links auf einem Grasweg erneut ins Waldesinnere. Der allmählich abfallende Weg umrundet in einem langen Linksbogen eine mit vereinzelten Felsbrocken gespickte Bergkuppe. Danach laufen wir am Hang geradeaus und verlassen schließlich auf dem teilweise verwachsenen Weg den Wald. Rechts unten erkennen wir das Mühlreisighaus, auf der Anhöhe das vormittags durchwanderte Schnittling. Wir münden in ein aussichtsreiches Teersträßchen, das uns hinunter nach **Spalt** bringt. Durch den Bärenburgweg und die Drudenstraße kommen wir in die Lange Gasse. An deren Ende steuern wir die gleichnamige Bushaltestelle an, wo unsere heutige Tagestour ihr Ende findet.

Spalter Hopfenhäuser an der Langen Gasse

Durch die Massendorfer Schlucht zum Müllersloch

Mit dem  Unterwegs

Anfahrt nach Spalt/Lange Gasse mit der VGN-Linie R 6 bis Georgensgmünd und weiter mit der Buslinie 606; Rückfahrt von Spalt/Lange Gasse in umgekehrter Reihenfolge.

Die Tour

Wanderstrecke: Spalt – 4 km – Güsseldorf – 2 km – Massendorf – 4 km – Spalt; überwiegend leichtes Gelände, jedoch nur bei trockenem Wetter.

Einkehrmöglichkeiten: in den genannten Orten.

Gesamtlänge: rund 10 km.

Gehzeit: ca. 3 Stunden.

 ## Wegbeschreibung

Von der Bushaltestelle Lange Gasse in **Spalt** laufen wir die Güsseldorfer Straße hinauf zum Friedhof 📖. Hier finden wir eine Wegkapelle, zwei Steinkreuze und eine Pestsäule.

Vor dem Ortsende-Schild verlassen wir die Güsseldorfer Straße links in Richtung Massendorfer Schlucht (Blaustrich, Spalt 9 und Rundweg 160). Sogleich teilt sich der Weg; wir schwenken rechts herum und wandern geradeaus. Auch am Ende der Schotterung behalten wir den Kurs bei und streben mit allen Markierungen in den Wald (Wegweiser: Müllersloch). Sofort wenden wir uns mit der Nummer 160 und Spalt 9 nach links. Der Pfad führt stetig empor; links unterhalb ist bald die Schlucht zu erkennen. Kurz darauf finden wir weiter oben erneut einen Wegweiser Massendorfer Schlucht. Wir ergreifen die Gelegenheit und steigen auf dem treppenartig angelegten Weg steil hinab zur Talsohle. Unten

Massen-
dorf

Güsseldorf

Abschnittswall
Alte Bürg

Start/Ziel:
„Bierstadt"
Spalt

SPALT

1 km

Windsbach   Roth

Altmühl-
see   Brombach-
see   Spalt

Pleinfeld

Gunzen-
hausen

Weißenburg

folgen wir rechts vorsichtig dem steinigen Pfad durch die in
Jahrtausenden vom Wasser ausgewaschene wildromantische
Schlucht; bei der Teilung weiter vorn halten wir uns links.

Schließlich geht es nicht mehr weiter; also rechts hinauf
und gleich scharf rechts am Schluchtrand zurück! Wir entfernen uns von der Schlucht und kommen zu einer Waldwegkreuzung; hier mit Blaustrich und Grünpunkt rechts auf
einem Steglein über den Anfang der Seitenschlucht und an
deren Rand entlang. Beeindruckende Tiefblicke! Nach einer
Weile schicken uns unsere blauen und grünen Markierungen
spitzwinklig links hinauf. Oben auf dem breiten Waldweg
geht's rechts. Wenig später sehen wir zu unserer Rechten

*Die 1559 geweihte Friedhofskirche mit der stei-
nernen Außenkanzel wurde 1715–1717 barockisiert; sie birgt eine Marienfigur (um 1430) und
eine Schüssel mit dem Johanneshaupt aus dem späten 15. Jahrhundert. Außen befinden sich mehrere Grabdenkmäler, u. a. für
den zu Beginn des 17. Jahrhunderts verstorbenen Bürgermeister
Georg Reysenleichter. Hier wird alljährlich am Johannitag mit
Prozession und Festpredigt der Errettung aus Feindeshand ge-
dacht: Im Juni 1450 belagerten die Truppen der Reichsstadt
Nürnberg im Markgrafenkrieg die Stadt. Markgraf Albrecht
Achilles gelang es jedoch, sie zu befreien. Alle fünf Jahre wird
„Die Nürnberger Reis" eingedenk dieses Ereignisses aufgeführt.*

Spuren eines ehemaligen Wall- und Grabensystems; es handelt sich um Überreste des Abschnittwalls Alte Bürg. Am Anfang des Hohlwegs verabschieden wir uns von Blaustrich und Grünpunkt und biegen mit den blauen Wegweisern der Nummer 161 schräg links ab. Vorher gehen wir jedoch die Stufen hinab und werfen einen Blick in das tief eingeschnittene Müllersloch (ebenfalls eine Burgsandstein-Schlucht). Wir kehren zurück und wandern mit der 161 weiter. Unser Waldweg steigt an und fädelt sich in einen anderen ein, der zuerst zerfurcht und dann grasig wird. Nach einiger Zeit lotsen uns die Zeichen aus dem Wald, an dessen Rand wir uns rechts orientieren. Die 161 zeigt bald rechts waldeinwärts, wir jedoch laufen ohne Markierung vor zur Straße und ziehen darauf links (schöne Fernsicht!) in **Güsseldorf** 📖 ein.

Die katholische Dorfkapelle Heilige Dreifaltigkeit ist ein kleiner Walmdachbau aus dem 18. Jahrhundert; das Altärchen ziert eine barocke holzgeschnitzte Kreuzigungsgruppe. Den Ort prägen typische Spalter Hopfenhäuser.

Unmittelbar nach der Gaststätte biegen wir in den links abzweigenden Schotterweg ein. Vor dem Trafohaus schwenken wir links herum und streben dem Wald zu. Innen treffen wir die entgegen unserer Richtung markierte 161 an. Bei der Gabelung wandern wir rechts auf dem zerfurchten grasigen Weg abwärts. Aus dem Wald tretend, erblicken wir halbrechts vor uns den Engelhof. Auf einem schmalen Trampelpfad queren wir die Wiese, wobei wir eine Gehölzgruppe anvisieren. Dort angekommen, entdecken wir ein zwischen den Bäumen verstecktes Feldkreuz. Wir wenden uns so gut wie weglos nach links, finden eine Blaustrich-Markierung und lassen uns von ihr in den Wald lotsen.

Auf dem überwachsenen Weg geht's leicht aufwärts. An der Gabelung weiter oben nehmen wir den blauen Zeichen folgend den rechten Ast. Der Weg fällt ab, dreht in Waldrandnähe nach rechts und befördert uns kurz darauf ins Freie. Auf der am Waldsaum verlaufenden Fuhre steigen wir langsam an, wobei wir die Aussicht auf den Heidenberg und die Abenberger Burg genießen. Rasch haben wir ein letztes Waldstück durchschritten; **Massendorf** ist erreicht!

Im Ort schräg rechts über die Hauptstraße. Mit Grünpunkt und der 159 aus dem Dorf. Vor dem Hopfenfeld teilt sich unser Schottersträßchen; wir wenden uns mit der 159 nach links (Grünpunkt rechts ab). Der Weg beschreibt eine Rechtskurve und schlängelt sich durch die Fluren. An der Kreuzung wandern wir markierungsgemäß auf dem grasnarbigen Feldweg geradeaus. Unsere Route verläuft nun längere Zeit mal außer-, mal innerhalb des Waldsaums, wobei wir dessen Knicke mitmachen (auf die 159 achten!); innen haben wir einmal einen tief eingeschnittenen Graben zur Rechten.

Nach einer Weile schimmert ein schönes Tälchen durch die Bäume. Es weitet sich, wir spazieren an seinem Rand dahin. Bald sehen wir voraus einige vom Großweingartener Berg überragte Häuser. Wir halten darauf zu und erreichen nach etlichen Minuten den Stadtrand von **Spalt.** Unser inzwischen geteerter Weg setzt sich als Lange Gasse fort. Diese biegt unten links ein und endet wenig später an der Bushaltestelle, an der wir unsere Tour begonnen haben.

Der idyllisch gelegene Engelhof

Von Ellingen zum Großen Brombachsee

Mit dem  unterwegs

Anfahrt nach Ellingen mit der VGN-Linie R 6; Rückfahrt von Pleinfeld ebenfalls mit R 6.

Die Tour

Wanderstrecke: Ellingen – 2,5 km – Hörlbach – 2 km – Tiefenbach – 2,5 km – Dorsbrunn – 3 km – Ramsberg – 5 km – Pleinfeld; leichtes Gelände.

Einkehrmöglichkeiten: in Dorsbrunn, Ramsberg und Pleinfeld.

Gesamtlänge: rund 15 km.

Gehzeit: ca. 4 Stunden.

 ## Wegbeschreibung

Vom Bahnhofsgelände **Ellingen** nicht durch die Unterführung stadteinwärts, sondern davor spitzwinklig rechts am Bahndamm zurück. Die Abzweigung mit der Einfriedung am Weiher beachten wir nicht; erst einige Meter weiter oben schwenken wir links in einen geteerten Flurweg ein (gelber Erdgaspfosten). Langsam gewinnen wir etwas an Höhe. Zwischendurch drehen wir uns um und genießen den Rückblick auf Ellingen und Weißenburg mit der Wülzburg. Bald haben wir Schotter unter den Füßen; voraus wird Massenbach sichtbar, das uns aber nicht interessiert. Wo die Teerung wieder beginnt, begeben wir uns rechts auf dem grasnarbigen Feldweg hinüber zum Wäldchen. Geradewegs hinein und an der Gabelung nicht links, sondern ohne Richtungsänderung bzw. leicht halbrechts hinab. Die letzten paar Meter verlaufen weglos. Im Grund auf dem Grasweg links nur kurz am

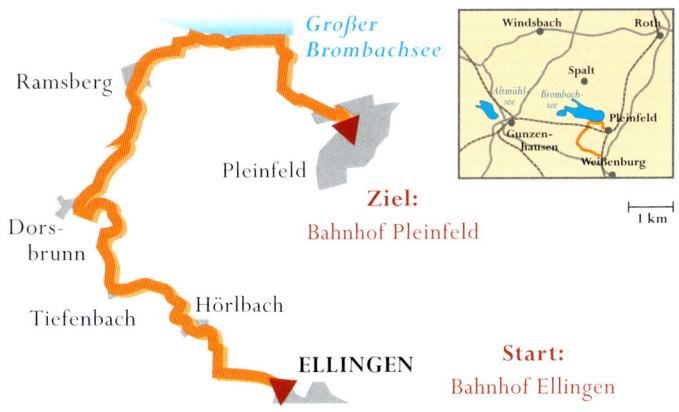

Ramsberg

Großer
Brombachsee

Pleinfeld

Ziel:
Bahnhof Pleinfeld

Dors-
brunn

Hörlbach

Tiefenbach

ELLINGEN

Start:
Bahnhof Ellingen

Waldsaum entlang und unmittelbar nach dem rechts stehenden Bäumchen auf Wiesenpfadspuren über den Hörleinsgraben. Links das pittoreske Chorturmkirchlein St. Oswald aus dem 14. Jahrhundert. Zwischen einem Graben und einem Acker stapfen wir hinauf zu einer Baumgruppe mit Bänken und ziehen auf der Straße in **Hörlbach**  ein (am Ortsanfang unten bleiben).

> *Der Ortsname (1074 „Hurelbac") geht auf das althochdeutsche Wort „hurwin", „sumpfig", zurück, meint also eine Siedlung am sumpfigen Bach.*

Im Rechtsbogen geht's empor zu einer Querstraße, auf der wir rechts dorfauswärts wandern. Nach den letzten Häusern biegen wir vor der Trafostation links in das Schottersträßchen ein. Es endet an einer Fahrstraße, die wir jedoch nicht betreten, weil wir den davor rechts abgehenden grasnarbigen Feldweg benützen. Er dreht rechts und bringt uns hinüber zum Wald, an dessen Rand wir unsere Tour links fortsetzen. Nach einem Weilchen kurvt der Weg rechts einwärts. Aber gleich befinden wir uns wieder im Freien, wenden uns nach links und laufen geradewegs auf **Tiefenbach** zu, wo wir binnen zehn Minuten eintreffen.

Am Ortsende rechts und auf der geteerten Flurstraße am Weiher vorbei. Über die erste Kreuzung, auch bei der zweiten geradeaus und auf einem Feldweg an Hecken entlang – teils weglos! Weiter vorn wechseln wir auf die andere Seite. Wo links ein Malstein in der Heckenlücke steht, dreht unser Weg rechts herum und endet an einem Betonweg. Darauf links, aber schon am Beginn der Rechtskurve links auf einem Wiesenweg hinab zu einer Flurbereinigungsstraße. Darauf rechts und im Linksbogen abwärts. Unten rechts hinüber nach **Dorsbrunn.**

Nicht in den Ort, sondern dicht am Gasthof rechts vorbei und auf einem Wiesenweg oberhalb der nach Walkerszell führenden Straße weiter. Wieder an der Straße biegen wir sofort in die Linksabzweigung (Feldkreuz, Pappeln) ein. Nach dem Brückchen wenden wir uns nach rechts. Wo die Schotterung aufhört, laufen wir auf einem Wiesenweg am Waldsaum erst geradeaus und dann im Linksbogen aufwärts; rechts drüben die Ortschaft Walkerszell. Wir passieren einen idyllischen Weiher und bleiben am Waldrand (verwaschene blaue Markierung). An der Wegteilung mit Nummer 175 links einwärts. Bei der folgenden Gabelung halten wir uns rechts und gleich nochmals rechts, orientieren uns aber sofort wieder nach links (175). Auf dem übergrasten Waldweg spazieren wir eine Weile in gleich bleibender Richtung dahin. Plötzlich stehen wir vor der Staatsstraße 2222, die wir überschreiten müssen! Drüben benützen wir den Fuß- und Radweg zur Bahnstation **Ramsberg** . Durch die Unterführung, rechts, im Bogen links herum und den Bahnberg hoch. Schließlich sind wir oben und bewegen uns beim Zone-30-Schild (Sitzgruppe mit Steinkreuzen) auf der Oberen Dorfstraße rechts in Richtung Anlegestelle.

Die erste urkundliche Erwähnung von „Rammesperge" stammt aus dem Jahr 1345. Der Name bedeutet „zum Berg, an dem sich die Raben aufhalten". Die Kirche wurde 1885 in neugotischem Stil errichtet.

St.-Oswald-Kirchlein mit Hörlbach

Endlich ist die Untere Dorfstraße erreicht! Wir verlassen sie, indem wir uns vor dem Ländlichen Museum links durch die Sackgasse hinab zum Großen Brombachsee begeben. Rechts am See entlang mit schönem Blick über den gesamten See mit seinen Anliegerorten. Nach einer längeren Uferwanderung passieren wir das Strandhaus West. Kurz danach erspähen wir rechts oberhalb eine Schranke, zu der wir hinauflaufen. Auf dem fest geschotterten Weg tauchen wir in den Wald ein. Am Ende des Waldparkplatzes zu unserer Linken geht's an der Informationshütte rechts vorbei (nicht vor der Hütte rechts!) und geradeaus auf dem breiten, unmarkierten Waldweg weiter. Dieser fällt ab, steigt in Höhe des Hochspannungsmastes wieder etwas an und liefert uns bei einer Forstwegspinne (Bild und Kruzifix am Baum) ab. Hier mit einer Gelbstrich-Markierung links. Es geht stets geradeaus. Am Sportplatz vorbei verlassen wir den Wald; **Pleinfeld** ist erreicht. Wir gehen vollends zur Straße. Beim Sägewerk vor, darauf wenige Schritte links und markierungsgemäß rechts über die Wiese. Wir biegen rechts in den autofreien Schulweg ein und folgen ihm zum Bahnhof, wo unsere Wanderung ihr Ende findet.

An der einstigen römischen Reichsgrenze

MIT DEM  UNTERWEGS

Anfahrt nach Langlau mit der VGN-Linie R 6 bis Pleinfeld und weiter mit R 62; Rückfahrt von Pleinfeld mit R 6.

DIE TOUR

Wanderstrecke: Langlau – 7 km – Dorsbrunn – 7 km – Banzermühle – 2 km – Pleinfeld; welliges Gelände.

Einkehrmöglichkeiten: in den genannten Orten, ausgenommen Banzermühle.

Gesamtlänge: rund 16 km.

Gehzeit: ca. 4 Stunden.

 ## WEGBESCHREIBUNG

Vom Bahnhof **Langlau** (1248 „Langenlaer", „Siedlung zum langen Pferch" oder „Pfahlzaun") über die Gleise und mit Markierung 134 auf der Dorfstraße weiter. Bei der Kreuzung an der Hausnummer 26 vorbei, rechts hoch zur Autostraße, die wir überschreiten. Drüben zuerst rechts, dann im Linksbogen aufwärts. Vor der Grillhütte müssen wir auf dem Teerweg ein paar Meter rechts hinab, steigen aber gleich wieder links empor. Oben an der Donau-Main-Wasserscheide drehen wir uns um und genießen den Rückblick auf die Gegend um den Kleinen Brombachsee; vor uns sehen wir Pfofeld und dahinter die Höhen des Hahnenkamms.

Nachdem wir eine mächtige Eiche passiert haben, biegen wir sofort links in den Limesweg ein (Rundweg 134, L), wo wir erneut eine eindrucksvolle Eiche antreffen. Unser anfangs grasnarbiger Feldweg dreht links (am Holzmast Weg-

Start: Bahnhof Langlau

Langlau

Brombachsee

Spuren des Limes

Römischer
Wachturm

Römischer
Wachturm

Ziel: Bahnhof Pleinfeld

Banzermühle

Dorsbrunn

Spuren des Limes

Pleinfeld

1 km

weiser: Pfahl-Rain) und verläuft dann geradeaus – auch am
Waldrand. Rechts zieht von Pfofeld ein Teerweg zu uns
herauf; wir behalten unbeirrt unsere Richtung bei und wandern auf dem sichtreichen Weg durch die Flur. Auch im
Wald, wo der Weg zum Teil völlig übergrast ist, ändern wir
unseren Kurs nicht. Wieder im Freien geht es geradewegs
hinüber zum nächsten Wald, wobei wir an einer knorrigen
Eiche und an den Überresten eines römischen Wachturms
vorbeikommen.

Wir überqueren die Teerstraße schräg links und durchwandern in gleich bleibender Richtung ein lichtes Waldgebiet.
Danach grüßt von halbrechts unten Dorsbrunn 📖, unser
nächstes Ziel. Vorerst können wir jedoch noch nicht hinunter. An der Waldspitze, wo unser Schotterweg links umbiegt,
pirschen wir ohne Weg am Waldsaum geradeaus. Wo dieser
links um die Ecke knickt, laufen wir auf einem gut erkennbaren Waldweg weiter und erreichen alsbald eine Straße, auf
der wir rechts abwärts gehen. Nach einer Weile tauchen er-

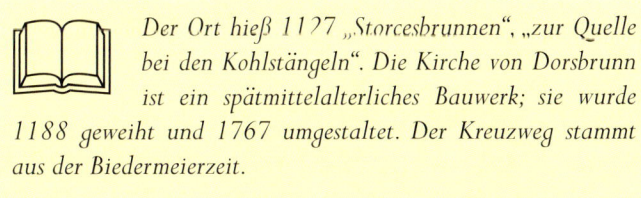

Der Ort hieß 1127 „Storcesbrunnen", „zur Quelle bei den Kohlstängeln". Die Kirche von Dorsbrunn ist ein spätmittelalterliches Bauwerk; sie wurde 1188 geweiht und 1767 umgestaltet. Der Kreuzweg stammt aus der Biedermeierzeit.

neut Fragmente eines altrömischen Wachturms auf. Wir studieren die informative Tafel, setzen unsere Tour fort und ziehen wenig später in **Dorsbrunn** ein.

Vom Dorfzentrum geht's links (L-Weg, 1–15) zum Gasthof am Ortsrand. Auf der Umgehungsstraße rechts, aber schon beim Ortsende-Schild links ab. Unten auf dem Teerquerweg abermals links. In einer Rechtskurve gewinnen wir langsam an Höhe. Weiter oben, wo links die Baum-Busch-Reihe aufhört und der Asphaltweg zu einer Rechtsaufwärtskurve ausholt (L-Zeichen rechts am Mast), steigen wir links auf dem Wiesenfeldweg hinauf zu einem anderen geteerten Weg. Darauf vielleicht fünf Schritte links, dann sofort rechts auf dem Wiesenweg zwischen zwei Äckern hindurch. Voraus erblicken wir den Heidecker Schlossberg, rechts drüben die Ortschaft Tiefenbach.

Nicht lange nach Unterquerung der Stromleitung kreuzt ein ungeteertes Feldsträßchen, in das wir rechts einbiegen. Es mündet in einen betonierten Querweg, in welchen wir uns links einfädeln. Weiter vorn wird er zu einer Schotterfuhre, mit der wir nach Passieren eines Sperrschilds in den Wald eintauchen. Bald haben wir diesen – immer auf dem Hauptweg bleibend – durchschritten. Außen wenden wir uns nach links, schwenken aber bereits nach ca. 30 m rechts herum in den geteerten Querweg ein. Nach einem Weilchen hört die Teerung auf; wir haben jetzt Schotter unter den Füßen und laufen nach wie vor geradeaus (Fernsicht). Dann schiebt sich von rechts ein Wald an den Weg heran. Vorn in der Ecke dreht unser Feldweg links und mündet in ein Flurbereinigungssträßchen, dem wir rechts folgen. Von rechts drüben grüßt die Wülzburg.

Das Sträßchen wendet sich dem Bahndurchlass zu; direkt davor biegen wir links in den Waldfahrweg ein. Dieser gabelt sich nach einiger Zeit (Sperrschild); wir entscheiden uns für die rechte Abzweigung, einen ansteigenden Schotterweg mit schütterem Mittelstreifen. Es geht immer „der Nase nach" durch den Wald; Abzweigungen beachten wir nicht. Schließlich senkt sich unsere Route zu einer Straße. Wir queren sie und setzen unsere Wanderung links parallel dazu auf dem Fuß- und Radweg fort. Kurz darauf treffen wir auf ein geschottertes Zufahrtssträßchen, das uns rechts zur **Banzermühle** bringt.

An der Mühle vorbei, über den Banzerbach und auf grasnarbigem Schotterweg durch den Wald. Wir überqueren die nach St. Veit führende Straße, wenden uns auf dem Fuß- und Radweg nach rechts (nicht Richtung Brombachhalle!) und spazieren neben der Straße auf Pleinfeld zu. Nachdem wir die Gleise überschritten haben, biegen wir in Pleinfeld in den ersten links abgehenden, beschrankten Fußweg ein. Die anschließende Straße schlängelt sich rechts und links leicht abwärts. Bei der nächsten Rechtsbiegung benützen wir den geradeaus führenden Fuß- und Radweg. Längs des hübsch gestalteten Bahnweihers gelangen wir zum Bahnhof von **Pleinfeld,** dem Ziel unserer heutigen Wanderung.

Knorrige Eiche am Limesweg

Vom Brombachsee zum Igelsbachsee

MIT DEM VGN UNTERWEGS

Anfahrt nach Langlau mit der VGN-Linie R 6 bis Pleinfeld und weiter mit R 62; Rückfahrt von Langlau in umgekehrter Reihenfolge.

DIE TOUR

Wanderstrecke: Langlau – 6 km – Enderndorf – 5 km – Absberg – 6 km – Langlau; leichtes Gelände.

Einkehrmöglichkeiten: in den genannten Orten und am See.

Gesamtlänge: rund 17 km.

Gehzeit: ca. 4,5 Stunden.

WEGBESCHREIBUNG

Beim Bahnhaltepunkt **Langlau** gehen wir nicht über die Gleise, sondern am Gasthaus „Zur Eisenbahn" vorbei durch die Bahnhofstraße bis zu deren Ende. Anschließend biegen wir rechts in die Seestraße ein und nochmals rechts in die Carl-Müller-Straße (Rad- und Fußwegweiser zum See). Nach einem Weilchen schwenken wir links in den mit Sperrschildern versehenen Feldweg ein. Hinter der eingezäunten Kläranlage wenden wir uns nach rechts dem Wald zu und laufen daran entlang in Richtung See. Blaue Rundwanderzeichen begleiten uns. Zu unserer Linken haben wir den Kleinen Brombachsee; vom anderen Ufer grüßt Absberg herüber.

Nach einer längeren Wanderung in Ufernähe durchschneiden wir eine Halbinsel, die als Naturschutzgebiet ausgewiesen ist. Wieder etwas später betreten wir links den Damm,

welcher den Kleinen Brombachsee vom Großen Brombachsee trennt, und spazieren hinüber auf die andere Seite.
Dort geht's rechts über den Parkplatz zur Straße. Davon
zweigen wir nach ein paar Metern halbrechts ab auf einen
Forstweg, der anfangs zwischen dem Großen Brombachsee
und der Straße verläuft; er weist die Markierung Spalt 5
(anfangs auch 140) auf. Bald weichen die Bäume zurück. Vor
uns liegt **Enderndorf,** auf das wir über den Damm zusteu-
ern. Bei den ersten Häusern schwenken wir links herum und
wandern am Igelsbachsee entlang.

Rechts tritt der Wald an unseren Weg 141 heran, der ganz
allmählich ansteigt. Nicht lange danach müssen wir eine
Seebucht umgehen. Zu diesem Zweck begeben wir uns auf
schmalem Weg (Schild: Radfahrer absteigen) halblinks hinab,
queren den Steg und wenden uns spitzwinklig zurück. Aber
gleich darauf geht es markierungsgemäß rechts aufwärts in
den Wald. Erst nach einer geraumen Weile – bei dem Fuß-
weg-Schild, das wir von hinten sehen – kommen wir halblinks wieder hinab zum Igelsbachsee. Am Ufer weiter bis
kurz vor Erreichen der Straße. Auf dem links abzweigenden
Feldweg umrunden wir eine kleine Landzunge und überschreiten parallel zur Straße wieder einmal einen Damm.
Neben der Straße steigen wir hoch zum Marktplatz von
Absberg. 📖

Absberg war einst Stammsitz des gleichnamigen Rittergeschlechts, einer der ältesten fränkischen Adelsfamilien. 1349 erhielt Goswin von Absberg vom Kaiser das Recht, eine Veste zu bauen. Die Burg entstand am Berghang beim heutigen katholischen Pfarrhof.

Einer der Absberger, Hans Thomas, war ein gefürchteter Raubritter, der mit einigen Kumpanen eine Reihe von Überfällen ausführte. 1523 begann der Schwäbische Bund gegen die Wegelagerer einzuschreiten und machte ihre Burgen dem Erdboden gleich. Drei Spießgesellen des Absbergers wurden aufgeknüpft, Hans Thomas selbst wurde von einem seiner Vertrauten 1529 erschossen. 1647 starb der letzte Absberger, Ritter Veit Hans.

Die Besitznachfolge trat der Deutsche Orden an, der 1723/24 für seine Vogtei ein Schloss errichtete. Die barocke Dreiflügelanlage ist heute eine Einrichtung für Behinderte. Im Südflügel befindet sich die ehemalige Schlosskapelle und jetzige katholische Pfarrkirche St. Ottilia. Das katholische Pfarramt von 1729 ist ein äußerst interessanter Bau mit Walmdach und Zwerchgiebel. In der evangelischen Pfarrkirche von 1598 findet man die kunstvoll gearbeiteten Grabsteine einiger Absberger Ritter; außen am Portal thront das Absbergische Wappen.

Wir verlassen den Marktplatz bei der Kirche auf der Bischof-Ehrenfried-Straße (Wegweiser zum See). Ein aussichtsreicher Fußpfad bringt uns bergab – zuletzt über Stufen. Unten rechts, am Sportplatz entlang, an seinem Ende links und am „Seeblick-Stüberl" vorbei zum Kleinen Brombachsee; geradeaus über die Brücke. Im Rechtsbogen durchstreifen wir eine Halbinsel und spazieren oberhalb des Badestrandes in Seenähe weiter (Nummer 138). Parallel zu einer Autostraße passieren wir den rechts drüben gelegenen Müssighof.

Bei Neuherberg überqueren wir die Straße und durchwandern den winzigen Ort. Wir queren zuerst links den Alt-

Der Igelsbachsee bei Tag und …

mühlüberleiter, anschließend einige Meter links versetzt die Straße und halten auf dem Teerweg in voriger Richtung auf das Wäldchen zu. Daran entlang und dann noch ein Stück durch die Fluren. In **Langlau** angekommen, begeben wir uns links zur Bahnstation.

… im Licht der untergehenden Sonne

Zur Pfofelder Michaelskirche und auf den Reutberg

Mit dem  unterwegs

Anfahrt nach Langlau mit der VGN-Linie R 6 bis Pleinfeld und weiter mit R 62; Rückfahrt von Gunzenhausen entweder mit der VGN-Linie R 62 bis Pleinfeld und weiter mit R 6 oder mit der VGN-Linie R 8 bis Ansbach und weiter mit R 7.

Die Tour

Wanderstrecke: Langlau – 3 km – Pfofeld – 3 km – Obenbrunn – 1 km – Oberasbach – 6 km – Gunzenhausen; welliges Gelände.

Einkehrmöglichkeiten: in Langlau, Pfofeld, Oberasbach und Gunzenhausen.

Gesamtlänge: rund 13 km.

Gehzeit: ca. 3,5 Stunden.

Wegbeschreibung

Vom Bahnhaltepunkt **Langlau** über die Gleise und mit Markierung 134 auf der Dorfstraße weiter. Bei der Kreuzung an der Hausnummer 26 vorbei rechts hoch zur Autostraße, die wir überschreiten. Drüben zuerst rechts, dann im Linksbogen aufwärts. Vor der Grillhütte müssen wir auf dem Teerweg ein paar Meter rechts hinab, steigen aber gleich wieder links empor. Oben an der Donau-Main-Wasserscheide drehen wir uns um und genießen den Rückblick auf die Gegend um den Kleinen Brombachsee; vor uns sehen wir Pfofeld und dahinter die Höhen des Hahnenkamms. Mit dem von links zu uns stoßenden „L" des Limeswegs wandern wir auf dem Flurbereinigungssträßchen weiter abwärts. Wir queren eine Fahrstraße und haben nun einen Wiesenweg unter den Füßen, der beim Jägersitz rechts dem Wald zustrebt. Vor die-

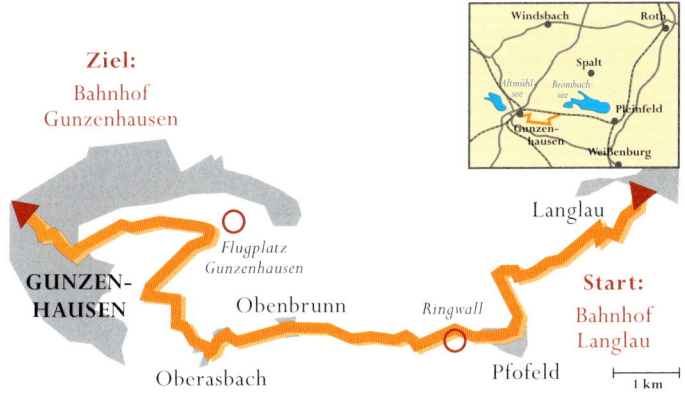

Ziel:
Bahnhof
Gunzenhausen

Windsbach Roth
Spalt
Altmühl see Brombach see Pleinfeld
Gunzen-hausen Weißenburg

Langlau

GUNZEN-
HAUSEN

*Flugplatz
Gunzenhausen*

Obenbrunn   *Ringwall*

Start:
Bahnhof
Langlau

Oberasbach   Pfofeld

1 km

sem links hinauf zu einem Limes-Gedenkstein. Auf dem
betonierten Querweg laufen wir links ohne Markierung in
nicht ganz zehn Minuten zur Kirche von **Pfofeld.** 📖 Deren
Besichtigung dürfen wir uns keinesfalls entgehen lassen.
(Schlüssel im Pfarrhaus erhältlich!)

Durch das Pfarrgässchen begeben wir uns hinab zur
Straße, der wir rechts in Richtung Dornhausen folgen. Beim
Wegweiser Sportplatz biegen wir mit der Markierung 130
rechts in die Gundelshalmer Straße ein, die stetig ansteigt.
Oben zwischen dem Sportplatz und der Gaststätte links in
den Wald. Den Nummern folgend, gelangen wir zu der

*Die heute evangelische Pfarrkirche St. Michael
wurde um 1130 auf Veranlassung des Bamberger
Bischofs Otto mit Zustimmung des zuständigen
Bischofs Gebhard II. von Eichstätt errichtet; die mittelalterliche
Bauinschrift neben dem Haupteingang ist noch vorhanden.
1734 erfolgte eine Verlängerung des Langhauses, wobei der
Chorturm mit der romanischen Apsis erhalten blieb. Der Hochaltar von 1753 zeigt das große Staatswappen des Ansbacher
Markgrafen Carl Wilhelm Friedrich. Über dem Altar und an
den Seitenwänden findet man Fresken aus der Zeit um 1450.
Der Name des 1208 als „Phalvelt" („Feld am Pfahl") erstmals
urkundlich erwähnten Ortes bezieht sich auf seine Lage am
römischen Limes, der zum Teil aus Pfählen bestand.*

Weiher vor Gundelshalm

Stelle, an der um 1200 die Turmhügelburg der Ritter von Pfofeld stand. Markierungen suchen wir jetzt vergebens; die letzte zeigt an, dass wir uns halblinks orientieren müssen.

In dieser Richtung laufen wir weglos den Ringwall hinab und schlagen uns links zu der zwischen den Bäumen schimmernden Weiherkette durch. Auf der Straße davor rechts auf die Ortschaft Gundelshalm zu, aber nur bis nach dem letzten linksseitigen Weiher! Um ihn herum biegen wir vor dem einzeln stehenden Baum links in den Feldweg ein und peilen das voraus schon sichtbare Obenbrunn an. Der Weg wird zum kaum wahrnehmbaren Wiesensteig, der neben dem Weiherbach verläuft. Von links kommt ein Graben; wir bleiben anfangs weglos diesseits des Grabens, wechseln jedoch bei der nächsten Gelegenheit auf die andere Seite. Ein normaler Wiesenweg beginnt, der leider in Beton übergeht. In **Obenbrunn** über die Straße und einige Schritte rechts. Vor dem Brücklein schwenken wir links in den Feldweg (6-t-Schild) ein und steigen nach **Oberasbach** 📖 hinauf. Oben rechts zur Kirche und auf der Vorfahrtsstraße links dorfeinwärts.

Direkt gegenüber dem Landhotel biegen wir rechts in das zu den Häusern Nr. 150–171 führende Sträßchen ein. Nach

Der Ortsname bezeichnet eine Siedlung bei einem mit Espen bestandenen Bach. Die St.-Wolfgang-Kirche war früher das Ziel vieler Wallfahrer. 1878 wurde das im Dreißigjährigen Krieg vollständig niedergebrannte Gotteshaus neu errichtet.

dem Ortsende wenden wir uns auf dem querenden Betonweg nach links, halten aber mit der nächsten Rechtsabzweigung auf das Fluggelände zu. Davor treffen wir auf einen Teer-Schotter-Weg, welchem wir links folgen. Wir bewegen uns inzwischen auf der Reutberg-Hochfläche, von deren Rand wir einen herrlichen Fernblick über Gunzenhausen und den Altmühlsee bis zum Hesselberg sowie zum Hahnenkamm mit der Burg Spielberg genießen.

Oberhalb des Krankenhauses rechts auf dem Sträßchen (20-km-Beschränkung) zu den Flugplatzgebäuden. Daran neben der Absperrung vorbei und an der Innenseite des Waldrandes auf dem Weg weiter, der mit der 3 gekennzeichnet ist. Er schlängelt sich zu einer Waldecke und biegt dort rechts ab. Wir jedoch laufen geradeaus und stoßen bereits nach wenigen Schritten auf den Limesweg, der mit dem gelben L, einem blauen Strich und einigen Nummern versehen ist. Darauf links auf und ab durch den stattlichen Mischwald des Schlossbucks; die Markierungen führen uns sicher. Nachdem wir einige Zeit so gewandert sind, passieren wir Reste eines römischen Wachturms und das Bismarckdenkmal.

Die Route fällt ab zum Stadtrand von **Gunzenhausen.** Geradeaus weiter und rechts in die Leonhardsruhstraße. Wo sie eine Linkskurve beschreibt, weist Blaustrich rechts in einen Fuß- und Radweg, auf dem wir am Friedhof entlangspazieren. Anschließend über die Sonnenstraße und durch die Elisabeth-Rohn-Straße. An deren Ende links in die Hensoltstraße und nach einem Weilchen rechts ab in die Saarstraße. Diese biegt leicht links und liefert uns am Dr.-Heinrich-Eidam-Platz ab. Von dort über die Vorfahrtstraße und durch die Schillerstraße zum Bahnhof von Gunzenhausen.

Zum Sausenhofener Michaelsaltar

Mit dem  unterwegs

Anfahrt nach Gunzenhausen entweder mit der VGN-Linie R 6 bis Pleinfeld und weiter mit R 62 oder mit der VGN-Linie R 7 bis Ansbach und weiter mit R 8; Rückfahrt von Gunzenhausen in umgekehrter Reihenfolge.

Die Tour

Wanderstrecke: Gunzenhausen – 9 km – Sausenhofen – 4 km – Aha – 3 km – Gunzenhausen; leichtes Gelände, ohne Schatten!

Einkehrmöglichkeiten: in Sausenhofen (Brotzeiten), Aha (nur sonntags) und Gunzenhausen.

Gesamtlänge: rund 16 km.

Gehzeit: ca. 4 Stunden.

 Wegbeschreibung

In **Gunzenhausen** wenden wir uns auf dem Bahnhofsplatz nach rechts und schlendern links durch die Bahnhofstraße. An deren Ende biegen wir rechts in Richtung Nördlingen in die Gerberstraße ein. Diese beschreibt eine Linkskurve, wir gehen jedoch geradeaus in die Spitalstraße. An deren Beginn steht rechts die Spitalkirche Zum Heiligen Geist. 📖

Durch die Spitalstraße links (Einbahnstraße) zur Oettinger Straße. Wir überschreiten die Altmühl, sehen rechts das „Kreuz im Altmühltal" – laut Inschrift eine 1482 errichtete Betsäule – und schwenken unmittelbar vor dem Betonwerk Elterlein schräg links in einen Teerweg ein (Radwege 3 und 4), welcher anfangs neben einem Wassergraben verläuft und dann einen Rechtsbogen beschreibt. Voraus wird Aha sichtbar, das wir auf dem Rückweg näher kennen lernen werden. Wir treffen auf einen Querweg, dem wir rechts folgen.

Start/Ziel:
Bahnhof
Gunzen-
hausen

Jenseits der Autostraße mit den Markierungen M/D und Jakobsmuschel geradeaus. Wir haben einen grasigen Weg unter den Füßen, der schließlich in einen Feldweg mündet. Wir behalten unsere Richtung bei, wandern also nach etwa 30 bis 40 m geradeaus auf dem fast nicht als solchen erkennbaren Grasweg weiter. An der Gabelung halten wir uns rechts und unterqueren die Bahn. Oben beordern uns die Markierungen nach links.

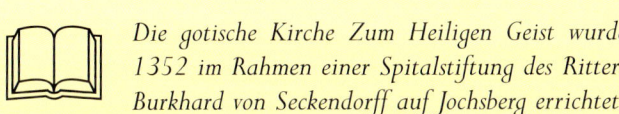

Die gotische Kirche Zum Heiligen Geist wurde 1352 im Rahmen einer Spitalstiftung des Ritters Burkhard von Seckendorff auf Jochsberg errichtet. Der Sage nach soll dieser nahe der Altmühlbrücke, wo heute das weiße „Kreuz im Altmühltal" steht, aus Unvorsichtigkeit seine Geliebte erschossen haben. Zur Sühne habe er das Spital erbauen lassen, in dem auch die Mutter des Mädchens untergekommen sei; er selbst habe während einer Pilgerfahrt im Heiligen Land den Tod gefunden.

Die jetzt evangelische Kirche wurde 1700–1702 von Grund auf erneuert. Sie birgt das Stiftergrab Burkhards von Seckendorff, der auf der steinernen Platte in voller Rüstung mit Topfhelm, Schwert und Gürtel verewigt ist. Die Decke ist prächtig stuckiert und weist u. a. einen Fürstenhut mit dem Staatswappen der Ansbacher Markgrafen auf.

Erneut bewegen wir uns auf einem Wiesenweg, der zu Beginn völlig verwachsen ist und rechts von einer breiten Busch- und Baumreihe gesäumt wird. Weiter unten kommt von links ein Betonweg auf uns zu; wir laufen unbeirrt immer „der Nase nach". Vor uns taucht Edersfeld auf; wir lassen es rechts liegen. Nach einiger Zeit geht's über die Straße und auf dem zunächst betonierten Weg direkt zum Wald. An dessen Rand entlang, nicht mit dem Feldweg links! Oben herrlicher Blick zum Hahnenkamm. Wir bleiben auf dem Grasweg, der zwischen einer Hecke abfällt, wenden uns an seinem Ende nach rechts und auf dem Betonweg nach links.

Markierungsgemäß biegen wir in die erste, ebenfalls betonierte Rechtsabzweigung ein. In Waldnähe auf dem links sich lösenden Feldweg empor. Oben rechts; Pflaumfeld mit seinem weithin sichtbaren Kirchturm interessiert uns nicht. Nach einem Weilchen dreht der Weg links vom Wald ab; halbrechts grüßt die Burg Spielberg herüber. Auf dem Sträßchen Pflaumfeld–Steinacker knapp 50 m links, dann rechts hinauf zum nächsten Wald. An dessen Saum laufen wir jedoch nur ganz kurz entlang, denn (Acht geben!) noch ehe die Markierungen ins Waldesinnere zeigen, verlassen wir sie und begeben uns auf unserem links abbiegenden Schotterweg hinab zur Fahrstraße.

Jetzt heißt es besonders gut aufpassen: Wir queren nicht unmittelbar die Straße, sondern gehen darauf vielleicht zehn Schritte nach rechts! Dann biegen wir links in ein etwa 3 m langes Asphaltstück ein und kämpfen uns weglos durchs Gras vor zur Waldspitze; dort weiterhin geradeaus am Rand entlang, wobei nun ein immer noch überwachsener Weg zu erkennen ist. Linker Hand versteckt sich hinter einer Baumreihe ein Bächlein mit Weihern. Nachdem wir das Wäldchen durchschritten haben, nehmen wir den am Anfang der Betonierung rechts abzweigenden Weg nach oben (Leitungsmasten). Wundervoll ist die Sicht auf den Hahnenkamm vom Gelben Berg bis Spielberg; rückwärts schweift der Blick über die Gegend um Gunzenhausen. Absteigend queren wir einen Betonweg, gehen unten bei den Häusern noch ein kleines Stück geradeaus und wenden uns links der Kirche im Dorfzentrum von **Sausenhofen**  zu.

Sausenhofen hieß um 1070 „Susenhouen" nach dem alemannischen Siedler Suso, der hier im 7. Jahrhundert einen Herrenhof errichtet hatte.
Die 1070 geweihte, 1863–1867 im neugotischen Stil neu erbaute Kirche birgt einen prächtigen, künstlerisch wertvollen Flügelaltar von Leo Stehelin, den 1493 entstandenen „Michaelsaltar". (Schlüssel im Mesnerhaus nebenan!)

Gegenüber der Kirche auf der Straße in Richtung Gunzenhausen–Aha wandern wir ortsauswärts. Nach dem letzten Haus geht's rechts um das Trafohäuschen herum. Am Ende der Teerung spazieren wir auf dem Grasweg links hinauf zur Straße. Wir folgen ihr bis zum nächsten Baum (Ruhebank), wo wir mit Blaustrich rechts in eine Betonstraße einbiegen. Nach Unterquerung der Hochspannungsleitung schlagen wir den ersten links abzweigenden Weg ein. Am Wäldchen in bisheriger Richtung weiter, also weg vom Beton. Aha 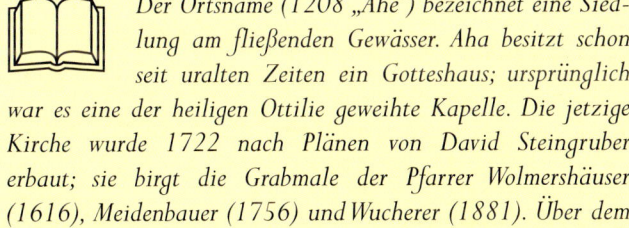, unser nächstes Ziel, rückt in unser Gesichtsfeld.

Der Ortsname (1208 „Ahe") bezeichnet eine Siedlung am fließenden Gewässer. Aha besitzt schon seit uralten Zeiten ein Gotteshaus; ursprünglich war es eine der heiligen Ottilie geweihte Kapelle. Die jetzige Kirche wurde 1722 nach Plänen von David Steingruber erbaut; sie birgt die Grabmale der Pfarrer Wolmershäuser (1616), Meidenbauer (1756) und Wucherer (1881). Über dem Portal prangt das Allianzwappen des Ansbacher Markgrafenpaares Wilhelm Friedrich und Christiane Charlotte.

Dort, wo der Waldsaum rechts umknickt, laufen wir geradeaus. Es geht an einer schmalen Baumreihe entlang und über die Wiese. Auch nachdem wir den Wassergraben überquert haben, sehen wir keine Veranlassung, unseren Kurs zu ändern. Der Weg steigt leicht an, ist schließlich betoniert und liefert uns an der Straße ab. Darauf schätzungsweise 85 m links, dann rechts durch die Unterführung. Dahinter links und auf dem breiten Betonweg auf **Aha** zu, wo wir nach geraumer Zeit eintreffen. Nachdem wir uns in die Hauptstraße eingefädelt haben, lotst uns Blaustrich rechts-links zur Kirche gegenüber der Volksschule.

Von der Volksschule geht's mit Blaustrich am Gasthaus „Oster" vorbei aus dem Dorf hinaus. Wir wandern unter der B 13 hindurch und auf dem nur selten befahrenen Sträßchen auf Gunzenhausen 📖 zu. Nach einer geraumen Weile schwenkt es rechts über die Altmühl. Markierungsgemäß biegen wir links in den Fuß- und Radweg ein, verlassen ihn jedoch bei der nächsten Gelegenheit nach rechts, wenden

Bereits 823 wird „Gunzinhusir", „bei den Häusern des Gunzo", urkundlich erwähnt; vorher war es eine römische Siedlung am nördlichsten Punkt des rätischen Limes. Nachdem der Ort 1278 in den Besitz der Grafen von Oettingen und 1349 an Burkhard von Seckendorff gelangt war, veräußerte Wilhelm von Seckendorff die Stadt 1368 an die Nürnberger Burggrafen, die späteren Markgrafen von Ansbach, unter deren Herrschaft sie bis 1791 stand.

Von der spätmittelalterlichen Befestigung sind einige Türme erhalten, so der Färber-, (Diebs-), Storchen- und Blasturm. Das heutige Rathaus war der ehemalige markgräfliche Oberamtshof, in dem 1757 der wilde Markgraf Carl Wilhelm Friedrich starb.

Die evangelische Stadtkirche St. Maria wurde 1261 an der Stelle des römischen Numeruskastells und eines späteren Klosters erbaut. Den Chor errichtete 1448–1461 Meister Endres aus Kemnathen; Langhaus und Turm stammen aus dem späten 15. Jahrhundert. Sehenswert sind vor allem der Hochaltar von 1707, der Kreuzaltar mit dem Volpini-Kruzifix sowie der Epitaph für den wilden Paul von Absberg, einem Freund und Kampfgenossen des Ritters Götz von Berlichingen.

Im Ort gibt es einige schöne Fachwerkhäuser.

uns nach links und kommen so ins Zentrum von **Gunzen-hausen.**

Vom Ende des Marktplatzes gelangen wir durch die Gerber- und Bahnhofstraße zurück zum Bahnhofsplatz, wo der Zug auf uns wartet.

Markgrafenkirche in Aha

Zum Gräfensteinberger Wasserturm

Anfahrt nach Gunzenhausen entweder mit der VGN-Linie R 6 bis Pleinfeld und weiter mit R 62 oder mit der VGN-Linie R 7 bis Ansbach und weiter mit R 8; Rückfahrt von Langlau mit der VGN-Linie R 62 bis Pleinfeld und weiter mit R 6.

DIE TOUR

Wanderstrecke: Gunzenhausen – 3 km – Sinderlach – 4 km – Gräfensteinberg – 3 km – Wasserturm – 2 km – Geiselsberg – 3 km – Müssighof – 4 km – Langlau; meist leichtes Gelände.

Einkehrmöglichkeiten: in Gunzenhausen, Gräfensteinberg, Geiselsberg und Langlau.

Gesamtlänge: rund 19 km.

Gehzeit: ca. 5 Stunden.

Tipp: Von der Plattform des Wasserturms genießt man bei gutem Wetter eine unvergleichliche Rundsicht über das gesamte Seenland. Der Turm ist nur am ersten Sonntag im Monat ab 13 Uhr geöffnet; andere Termine sollte man rechtzeitig mit Frau Rothgang in Eichenberg ausmachen; Tel.: (0 98 37) 3 81.

 WEGBESCHREIBUNG

Nachdem wir den Bahnhof **Gunzenhausen** verlassen haben, wenden wir uns auf dem Bahnhofsplatz sofort nach rechts. An seinem Ende rechts durch die Unterführung und mit der Rotkreuz-Markierung auf der Ansbacher Straße stadtauswärts. Wir unterschreiten die B 466, queren den Altmühlüberleiter und biegen unmittelbar danach rechts in den parallel dazu verlaufenden Feldweg ein. Links drüben die Ortschaft Laubenzedel, dahinter am Hang Büchelberg.

Nach geraumer Zeit begeben wir uns links zum Bahnübergang, queren die Gleise und halten geradewegs auf das von
Bäumen umringte **Sinderlach** 📖 zu; unterwegs Rückblicke auf den Schlossbuck von Gunzenhausen und den Hahnenkamm am Horizont.

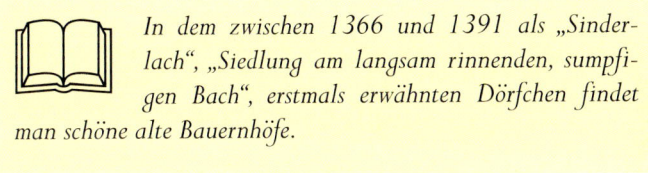

*In dem zwischen 1366 und 1391 als „Sinder-
lach", „Siedlung am langsam rinnenden, sumpfi-
gen Bach", erstmals erwähnten Dörfchen findet
man schöne alte Bauernhöfe.*

Im Ort an der Kreuzung (Bushaltestelle) ohne Markierung
rechts hinaus. Über die Vorfahrtsstraße, ohne Richtungsänderung am Bauernhof vorbei und geradewegs in den Wald. In
Höhe des links liegenden Koppenweihers gabelt sich der
Weg; wir laufen mit Rundweg 110 auf dem linken Ast geradeaus. Der Weg ist völlig übergrast und ziemlich verwachsen, zwischendurch tauchen alte Rotkreuz-Markierungen
und die Nummer 5 auf. Plötzlich stehen wir vor der B 466!
Wir queren sie und setzen unsere Tour ohne Kursänderung
auf dem grasnarbigen Waldweg fort. Nach einem Weilchen
kommen wir zu einer Waldwegkreuzung; wir wandern mit
unserer 110 geradeaus, ebenso an der nächsten Wegteilung.
Der nun wieder völlig übergraste Weg schlängelt sich durch

Vom Wasserturm genießt man ein einmaliges Panorama

wechselnde Waldbestände, wobei uns auch einige entgegen unserer Richtung markierte 112-Täfelchen auffallen. Für uns ist jedoch nach wie vor die 110 maßgebend.

Nach einiger Zeit treten wir kurz ins Freie, sehen rechts drüben Brombach liegen und verschwinden erneut im Wald. Rasch haben wir das letzte Stück durchschritten und halten auf das hoch gelegene **Gräfensteinberg** zu. An den ersten Häusern vorbei erreichen wir eine Vorfahrtsstraße, der wir rechts mehrere Meter folgen. Hinter dem Ortsende-Schild steigen wir links (7,5-t-Schild) auf dem Teersträßchen empor (links die Kirche), passieren einen Spielplatz und sind endlich oben bei den Drei Eichen angelangt, einer prächtigen Baumgruppe. Nachdem wir noch einen Blick in Richtung Brombachsee geworfen haben, begeben wir uns links ortseinwärts. Am Ende der Sonnenstraße auf der Vorfahrtsstraße rechts hinaus und vor zur Kreisstraße, der wir nun rechts folgen müssen.

Nachdem wir ein paar hundert Meter auf dieser Straße gegangen sind, biegen wir mit Rundweg 115 links in die nach Spalt führende Straße ein. Wir verlassen sie auf dem nicht weit vor Waldbeginn rechts abgehenden Schotterweg, der an einer Umzäunung vorbei dem Wald zustrebt. Dort dreiteilt er sich; wir dringen der 115 zufolge auf dem mittleren Weg geradeaus in den Wald ein. Zu unserer Linken hat sich ein Graben eingeschnitten. Längere Zeit wandern wir daran entlang, wobei unser Schotterweg sacht abfällt. Schließlich beordert uns die Nummer 115 bei einem Jägersitz scharf nach rechts (nicht mit der 116 geradeaus!) in einen anfangs grasigen Waldweg. Dieser bringt uns hinauf ins Freie zu einem Sträßchen, das uns rechts vorn an der Kreisstraße abliefert. Darauf wandern wir links zum **Wasserturm,** den wir natürlich nach Möglichkeit besteigen wollen (siehe Tipp Seite 90).

Leider müssen wir noch etwa 200 m auf der Straße zurücklegen, ehe uns vor einer Rechtskurve die 115 und die 116 unvermittelt in einen Waldweg weisen. Wir queren einen Forstweg, halten uns kurz danach markierungsgemäß rechts und wenden uns unten am Beginn der Schlucht des Belzigen Weibleins abermals nach rechts. Die Schlucht haben wir zur Linken. Unsere Route entfernt sich etwas von ihrem Rand, wendet sich dann wieder zu ihr hinab, quert einen Graben und setzt sich unten fort. Aus dem Wald tretend, wenden wir uns sofort nach links und laufen immer geradeaus (nicht links hinauf!). Erneut verschwinden wir im Wald; unser schöner Forstweg steigt sacht an. Nach geraumer Zeit weichen die Bäume zurück; der Ortseingang von **Geiselsberg** ist erreicht.

Auf der kurvigen Straße wandern wir rechts abwärts; durch die Bäume erhaschen wir zwischendurch einen Blick auf den Kleinen Brombachsee. Weiter unten, wo das Sträß chen eine Linkskurve beschreibt, weist uns die mittlerweile zu uns gestoßene Blaustrich-Markierung vor der Kläranlage halbrechts in einen Schotterweg. Dieser verläuft am Waldsaum entlang, der bald einen Linksknick in Richtung Tal-

Idyllischer Waldweiher

grund vollführt. Dort geht's über die Straße zum jenseitigen Wald und links an seinem Rand mit Blaustrich weiter. Gleich darauf bewegen wir uns etwas weiter im Innern auf einem Grasweg. Dann heißt es Acht geben, denn Blaustrich verabschiedet sich von uns nach rechts, während wir ohne Markierung weiterhin „der Nase nach" laufen. Ein Querweg kreuzt, wir bleiben unbeirrt in Waldrandnähe. Plötzlich geht es wieder außen am Waldsaum auf kaum erkennbarer Wiesenfuhre weiter! Direkt vor unserem erneuten Eintritt in den Wald gesellt sich von rechts hinten eine Gelbstrich-Markierung zu uns. Links hinter den Bäumen blitzt ein Weiher auf. Wenig später erspähen wir auch rechts einen idyllischen mit Seerosen bewachsenen Weiher, dem sich ein zweiter anschließt.

Nachdem uns der Wald entlassen hat, fällt unser Blick links auf Röthenhof (oben Geiselsberg). Wir wollen jedoch nicht dorthin, queren vielmehr die Beton-Pflaster-Fuhre und wandern auf dem unmarkierten Schotterweg dem Feldwäldchen entgegen. Daran entlang, aber nicht links hindurch, sondern geradeaus und im Rechtsbogen zu einem anderen Schotterweg (Sperrschild). Er bringt uns links an einem Weiher vorbei zum **Müssighof** mit seinem modernen Kapellchen. Der sich rechter Hand ausbreitende Weiher ist eine abgeschnittene Bucht des Kleinen Brombachsees.

Am Ufer dieses Weihers geht's vor zur Autostraße. Wir überqueren sie und steigen über die Seitenplanke. Auf dem Fuß- und Radweg spazieren wir rechts am Kleinen Brombachsee entlang. Nachdem wir eine Halbinsel durchschritten haben, überbrücken wir den östlichen Altmühlüberleiter und nähern uns im Linksbogen wieder dem Seeufer. Wir bummeln daran entlang, wobei wir Absberg mit seinem Deutschordensschloss sowie die gesamte jenseitige Landschaft im Gesichtsfeld haben. Wir passieren eine Gaststätte mit Hotel, gehen über den Holzsteg und umkreisen sozusagen den Campingplatz. Über einen zweiten Steg entfernen wir uns vom See und halten auf die voraus sichtbaren Häuser von Langlau zu. Auf bzw. neben der Autostraße wandern wir rechts ortseinwärts. Am Ende der bisher benützten Carl-Müller-Straße laufen wir leicht links versetzt (Am Wasen) weiter und wenden uns schließlich links dem Bahnhof von **Langlau** zu.

Badevergnügen am Kleinen Brombachsee

Vom Schnackenweiher zum Altmühlsee

Mit dem  unterwegs

Anfahrt nach Gunzenhausen entweder mit der VGN-Linie R 6 bis Pleinfeld und weiter mit R 62 oder mit der VGN-Linie R 7 bis Ansbach und weiter mit R 8; Rückfahrt von Gunzenhausen in umgekehrter Reihenfolge.

Die Tour

Wanderstrecke: Gunzenhausen – 3 km – Sinderlach – 1,5 km – Schnackenmühle – 1,5 km – Büchelberg – 3 km – Muhr am See – 7 km – Schlungenhof – 1 km – Gunzenhausen; leichtes Gelände.

Einkehrmöglichkeiten: am Schnackensee, in Büchelberg, in Muhr am See, bei den Surf- und Seezentren Muhr und Schlungenhof sowie in Schlungenhof und Gunzenhausen.

Gesamtlänge: rund 17 km.

Gehzeit: ca. 4,5 Stunden.

 Wegbeschreibung

Wir verlassen den Bahnhof **Gunzenhausen** und wenden uns auf dem Bahnhofsplatz sofort nach rechts. An seinem Ende rechts durch die Unterführung und mit der Rotkreuz-Markierung auf der Ansbacher Straße stadtauswärts. Wir unterschreiten die B 466, queren den Altmühlüberleiter und biegen unmittelbar danach markierungsgemäß rechts in den parallel dazu verlaufenden Feldweg ein. Nach ca. 10 Minuten begeben wir uns links zum Bahnübergang und halten auf das von Bäumen umringte **Sinderlach** zu. Das winzige Dörf-chen ist im Nu durchwandert.

Beim Ortsende-Schild überqueren wir die Straße und gehen auf dem Feldweg weiter. Er beschreibt eine Rechts-

Muhr am See

Büchel-
berg

Schnacken-
mühle

Schnacken-
weiher

Natur-
schutzgebiet
Vogelinsel

1 km

Sinder-
lach

Altmühl-
see

Schlungenhof

Start/Ziel:
Bahnhof
Gunzenhausen

GUNZEN-
HAUSEN

(Übersichtskarte: Windsbach, Roth, Spalt, Altmühlsee, Brombachsee, Pleinfeld, Gunzenhausen, Weißenburg)

und kurz darauf eine Linkskurve. Hier weist uns Rotkreuz rechts in die Wiese. Neben dem Rinnsal steuern wir die Waldspitze an. Dort geht es noch einige Meter in unveränderter Richtung am Waldrand entlang, bis wir auf einen Querweg stoßen, dem wir links folgen. Kurz darauf haben wir ein Teersträßchen unter den Füßen, das uns zum Angler- und Camperparadies am Schnackensee bringt.

Rasch haben wir die wenigen Häuser der **Schnacken-mühle** passiert und laufen ohne Richtungsänderung auf dem Flurbereinigungssträßchen weiter. Nach ein paar hundert Metern zweigt links ein unmarkierter Feldweg ab, der uns bei einem kleineren Weiher abliefert. Dort rechts und hinüber zum Fischhaus, wo wir neben der Rotkreuz- auch eine Gelbstrich-Markierung entdecken. Mit beiden Zeichen wenden wir uns nach links in Richtung **Büchelberg.** Wir wandern aber nicht durch den Ort, sondern gleich nach dem Ortsschild (Wegweiser: Feierabendheim) rechts empor und im Bogen links. In Höhe der Trafostation wendet sich Rotkreuz nach rechts, während wir mit Gelbstrich am Dorfrand bleiben. Bei dem Verkehrszeichen (Sperrschild) am Ortsende zeigt unsere gelbe Markierung halblinks abwärts in einen Feldweg.

Am Waldrand entlang und über freies Feld halten wir geradewegs auf **Muhr am See** 📖 zu. Vor dem Bahnhof

 *Muhr am See wurde 1976 aus den früher selbständigen Gemeinden Altenmuhr und Neuenmuhr gebildet. Der Name („Moor") deutet auf einstiges Sumpfland hin. Altenmuhr war bis Ende des 14. Jahrhunderts Sitz des Dienstmannengeschlechts derer von Muhr; ihnen folgten (bis 1799) die Lentersheimer. Das Schloss, eine ehemalige Wasserburg mit einem Turm aus dem 12. Jahrhundert, ist eine der interessantesten Burgenbauten im oberen Altmühltal; der Wassergraben und ein Teil der Zwingmauer gingen im 19. Jahrhundert verloren. Sehenswert sind auch das Torhäuschen sowie die evangelische Pfarrkirche von 1467 mit Fresken und Grabsteinen der Herren von Lentersheim, darunter jener von Loy Hering für Hans Wolf von Lentersheim (1547).*

kommen wir heraus. Unter den Bahnsteigen hindurch gelangen wir auf die andere Seite und wandern rechts auf der Bahnhofstraße zum Torhaus, durch das wir den Ortskern von Altenmuhr betreten. Ohne Markierung geht's geradeaus vor zum Schloss und zur Kirche.

Auf der Kirchenstraße überqueren wir die Altmühl und wandern auf der Straße bis zur nächsten Brücke. Direkt vor dieser wenden wir uns nach links und schlendern zwischen den beiden Wasserläufen zur Nordspitze des Altmühlsees. Wir bleiben diesseits, spazieren also zwischen Altmühl und Altmühlsee dahin. Zu unserer Rechten breitet sich die Vogelinsel aus. Auf dieser Naturschutzinsel leben viele Vogelarten, die auf der roten Liste stehen. Das Reservat kann über einen kleinen Parcours betreten werden, zu dem eine hölzerne Aussichtsplattform gehört. Auch Exkursionen unter Führung des Vogelschutzbundes sind von dessen Informationszentrum aus möglich.

Wir setzen unsere Uferwanderung fort und passieren das Surf- und Seezentrum Muhr, wobei wir den herrlichen Blick auf das jenseitig gelegene Wald mit seiner Kirche und die anderen Seeorte genießen. Nach dem Seezentrum **Schlungenhof** erreichen wir die Stelle, an welcher der Altmühl-

Fachwerk in Sinderlach

überleiter den See verlässt. Hier wenden wir uns links den Häusern zu und laufen durch die Wassergasse ortseinwärts. An deren Ende gehen wir nach rechts, unter der B 466 hindurch und auf bekanntem Weg zurück zum Bahnhof **Gunzenhausen.**

Beim Seezentrum Muhr

Vom Altmühlsee zum Kleinen Brombachsee

M<small>IT DEM</small>  U<small>NTERWEGS</small>

Anfahrt nach Gunzenhausen entweder mit der VGN-Linie R 6 bis Pleinfeld und weiter mit R 62 oder mit der VGN-Linie R 7 bis Ansbach und weiter mit R 8; Rückfahrt von Langlau mit der VGN-Linie R 62 bis Pleinfeld und weiter mit R 6.

D<small>IE</small> T<small>OUR</small>

Wanderstrecke: Gunzenhausen – 6 km – Schnackenmühle – 2 km – Geislohe – 2 km – Brombach – 4 km – Neuherberg – 2 km – Langlau; leichtes Gelände.

Einkehrmöglichkeiten: am Altmühlsee, bei der Schnacken-mühle, am Kleinen Brombachsee und in Langlau.

Gesamtlänge: rund 16 km.

Gehzeit: ca. 4 Stunden.

 W<small>EGBESCHREIBUNG</small>

Wir verlassen den Bahnhof **Gunzenhausen** und wenden uns auf dem Bahnhofsplatz sofort nach rechts. An seinem Ende rechts durch die Unterführung und auf der Ansbacher Straße stadtauswärts. Wir unterschreiten die B 466, queren den Altmühlüberleiter und laufen weiterhin geradeaus. Im Stadtteil Schlungenhof biegen wir in Höhe des Gasthofs Jungmeier links in die Wassergasse ein. An deren Ende neh-men wir den halbrechts abgehenden Fuß- und Radweg, der mit mehreren Markierungen versehen ist. Nach ein paar Metern fädeln wir uns rechts ein und spazieren am west-lichen Altmühlüberleiter entlang zum Altmühlsee. Wir pas-sieren das Seezentrum Schlungenhof und bleiben am Ufer,

von dem aus wir fast den gesamten See bis zur Vogelinsel und den jenseitigen Dörfern überblicken können; rechts von uns liegt die Altmühlaue.

Vor der Telefonzelle beim Surfzentrum schwenken wir rechts herum, überqueren die alte Altmühl und wandern auf dem Zufahrtssträßchen vor zur B 13. Wir überqueren sie und setzen unsere Tour auf dem Feldweg (Sperrschild) längs des Grabens fort. An der Straße angekommen, wenden wir uns kurz links, queren die Bahngleise und biegen rechts in den Feldweg ein, der sogleich eine Linkskurve beschreibt. Links drüben die Ortschaft Laubenzedel, die 1961 bei dem Wettbewerb „Unser Dorf soll schöner werden" Bundessieger wurde; dahinter Büchelberg. An der Wegkreuzung unmittelbar vor dem Hochspannungsmast links auf dem Schotterweg weiter. Er schlängelt sich zu einem Fahrsträßchen, welches wir in gleich bleibender Richtung kreuzen. Erneut stoßen wir auf ein Fahrsträßchen; dieses queren wir leicht links versetzt und wandern längs des Grabens weiter. Nach der Brücke geht's sofort rechts herum und weglos am Bächlein entlang, das wir bei den ersten Anwesen der **Schnacken-mühle** überqueren.

Vor dem Schnackenweiher auf dem Zufahrtssträßchen rechts, bis links ein Feldweg abzweigt. Darauf zur Waldspitze und links. Dann rechts auf dem Wiesenweg weiter. An seinem Ende (Nassstellen) weglos geradeaus auf Pfadspuren hinauf zu einem breiten Schotterweg. Darauf rechts; er ist mit einem gelben Strich gezeichnet.

Nachdem wir ein Waldstück durchschritten haben, liegt **Geislohe** vor uns. Wir halten markierungsgemäß im Bogen darauf zu, streifen den Ort jedoch nur am Rande und überschreiten die B 466. Ohne Richtungsänderung geht's weiter und ins Waldesinnere. Wir bleiben immer auf dem leicht ansteigenden Hauptweg, der sich später allmählich wieder senkt. Schließlich weicht der Wald zurück; wir halten jedoch nicht links auf Gräfensteinberg zu, sondern setzen unsere Tour mit der Gelbstrich-Markierung rechts auf dem breiten Weg fort. Links oben präsentiert sich Gräfensteinberg mit seiner Kirche. Der Weg ist nun asphaltiert. Zu unserer Linken zieht der noch ganz junge Brombach seine Bahn. Nachdem wir einen Weiher passiert haben, erreichen wir die Ortschaft **Brombach.** 📖

 *Die „Niederlassung am mit Brombeersträuchern bestandenen Bach" (1170 „Bramahe") wurde bereits in der Merowingerzeit (6.–7. Jahrhundert) gegründet. Der älteste Baubestand der Johannes dem Täufer geweihten Kirche geht auf das 12./13. Jahrhundert zurück.*

Um das Kirchlein herum schwenken wir in die rechts abzweigende Straße ein (gelber Briefkasten). Nach den letzten Häusern entdecken wir die Gelbstrich-Markierung wieder, zu der sich eine Jakobsmuschel gesellt hat. In Höhe der Kläranlage hört die Teerung endlich auf. Linker Hand reihen sich einige Fischweiher aneinander; beim letzten ist unser Waldrandweg stark zerfurcht. Danach wird er grasig und windet sich etwas einwärts. Aber schon geht's wieder links hinaus und über den Brombach auf die andere Talseite.

Nach dem erneuten Eintritt in den Wald heißt es sogleich Acht geben: Unmittelbar hinter der Wandertafel des Fränkischen Albvereins löst sich rechts ein unmarkierter grasnarbiger Weg, den wir benützen. Rechts schimmert anfangs die

Der Hühnermühldamm

Brombachaue durch die Bäume. Wir wandern stets geradeaus, Abzweigungen beachten wir nicht. Auch den Waldweiher passieren wir ohne Richtungsänderung, ebenso weiter
vorn die kleine Lichtung und die Biotopböschung. Schließlich entlässt uns der Wald. Wir wenden uns auf dem grasnarbigen Betonweg nach rechts und halten im Linksbogen auf
Neuherberg zu. Dort biegen wir rechts in die Sackgasse
ein und wandern auf dem Hühnermühldamm über den östlichen Altmühlüberleiter.

Wir folgen der Straße links lediglich ein paar Meter, dann
spazieren wir halblinks auf dem Fuß- und Radweg weiter.
Wir unterqueren die Fahrstraße, biegen links herum und
bummeln in Ufernähe am Kleinen Brombachsee entlang,
wobei wir den Blick hinüber auf Absberg mit seinem
Deutschordensschloss genießen. In Höhe des Hotels „See-
hof" entfernen wir uns rechts vom See und laufen neben der
Zufahrtsstraße auf **Langlau** zu. Am Ortsrand kurz rechts,
dann links zur Bahnstation.

Vom Hambachtal zum Vogelschutzgebiet am Altmühlsee

MIT DEM  UNTERWEGS

Anfahrt nach Gunzenhausen entweder mit der VGN-Linie R 6 bis Pleinfeld und weiter mit R 62 oder mit der VGN-Linie R 7 bis Ansbach und weiter mit R 8; Rückfahrt von Muhr am See mit der VGN-Linie R 8 bis Ansbach und weiter mit R 7.

DIE TOUR

Wanderstrecke: Gunzenhausen – 7 km – Unterhambach – 3,5 km – Höhberg – 1,5 km – Streudorf – 4 km – Muhr am See; leichtes Gelände, aber kaum Schatten!

Einkehrmöglichkeiten: in der Sportgaststätte des SV Unterwurmbach und in den genannten Orten, ausgenommen Höhberg.

Gesamtlänge: rund 16 km.

Gehzeit: ca. 4 Stunden.

WEGBESCHREIBUNG

Nachdem wir in **Gunzenhausen** den Bahnhof verlassen haben, wenden wir uns auf dem Bahnhofsplatz sofort nach rechts. An seinem Ende links durch die Bahnhofstraße und nach der Ampel rechts in die Gerberstraße. Nach dem Linksknick rechts in die Oettinger Straße und über die Altmühl. Unmittelbar vor dem „Kreuz im Altmühltal" rechts ab (Sperrschild, M/D und schwarzer Turm) und durch die Bahnunterführung. Etliche Meter müssen wir auf der Straße gehen, ehe wir links in einen Teerweg einschwenken (10-t-Schild). Es geht an Kleingärten vorbei; die Rechtsabzweigung interessiert uns nicht. Aber dann müssen wir Acht geben: In Höhe der zwei Birken, von denen die erste das M/D-Zeichen aufweist, biegen wir rechtwinklig links in den

Ziel:
Bahnhof
Muhr am See

Start:
Bahnhof
Gunzenhausen

unmarkierten grasnarbigen Feldweg ein. Vor der Holzbrücke rechts und auf Graswegspuren am Hambach entlang; links drüben Unterwurmbach mit seiner Kirche.

Hinter den Fabrikanlagen laufen wir leicht rechts versetzt auf dem Schotterweg in Bachnähe weiter. Nach einer Weile unterqueren wir zusammen mit dem Hambach die B 466 und wandern durch die Fluren. Auf dem Teersträßchen geht's rechts, aber gleich wieder links und durchs Gelände des SV Unterwurmbach (Sportheim); auf dem mittelstreifigen Feldweg geradeaus. Nachdem er den Waldrand erreicht hat, heißt es Acht geben, denn gleich beim Jägersitz geht es auf dem Grasweg links ab durch die Wiese, über den Hambach und einen Graben. Danach schwenken wir rechts in einen breiten Feldweg ein. Dieser biegt nach einer geraumen Weile leicht rechts um und verläuft weiter im Tal. Nicht weit rechts von uns fließt der Hambach. Voraus wird Unterhambach sichtbar; der Weg schlängelt sich darauf zu. In Höhe der Unterhambacher Mühle über die Straße und auf dem anfangs geschotterten Feldweg weiter. Er endet am Ortsrand von **Unterhambach.**

Auf der Straße geht's rechts hinaus. Wir biegen bereits in den ersten nach dem Ortsende-Schild und dem Weiher links abgehenden Feldweg ein. Oben am Wald teilt sich der Weg. Wir nehmen den linken grasigen Ast (nicht rechts zur Tafel und den Ziffern!) und laufen im Wald stets geradeaus; etwaige Abzweigungen ignorieren wir. Auf der Straße wenden wir uns nach links. Rechts hinter den Bäumen versteckt sich ein Weiher. Nach ein paar Schritten können wir einen rechts anfangs parallel zur Straße verlaufenden, durch eine Baumreihe von ihr getrennten Grasweg benützen. Er bringt uns zu einer Reitanlage, an deren rückwärtigem Rand wir nun entlangspazieren, bis der Weg wieder auf die Straße trifft. Wir folgen der Straße in Richtung Oberhambach (nicht rechts nach Höhberg!). Nicht lange danach löst sich zu unserer Rechten ein Feldweg. Darauf streben wir dem Wald zu, spazieren an dessen Rand entlang und durchqueren ihn schließlich in gleich bleibender Richtung (innen nicht links!). Dann liegt **Höhberg** vor uns. Wir halten darauf zu, wobei wir einen herrlichen Ausblick auf die Gegend um die Vogelinsel haben.

Im Dorf gehen wir geradewegs zur Vorfahrtsstraße; darauf rechts hinaus. In Höhe des Ortsende-Schilds zweigen wir rechts ab auf einen Betonweg, der eine Linkskurve beschreibt und zum Feldweg wird. Wir kommen an einem idyllischen Weiher vorbei, halten uns bei der Gabelung nach der Kläranlage links, passieren einen kleineren Weiher und zie-

Romantische Stimmung bei der Vogelinsel

Am Altmühlsee bei der Vogelinsel

hen in **Streudorf** ein, das früher Streitdorf hieß. Auf der Hauptstraße geht's geradeaus zum Spritzenhaus der Feuerwehr, das man wegen seines neugotischen Glockenturms im ersten Moment für eine Kirche hält. Über die Straße und durch die Sackgasse (Hausnummer 23, 26, 27) dorfauswärts zu der Stelle, an der sich der Altmühlzuleiter verbreitert und in den See übergeht. Auf dem Fuß- und Radweg wenden wir uns nach links.

Nach einem Weilchen queren wir den Zuleiter und wandern an seinem Ufer rechts mit der Gelbstrich-Markierung zurück. Unser Blick schweift bis zum Ende des Altmühlsees. Links breitet sich das Vogelschutzgebiet mit einem größeren Wassergraben aus. Voraus taucht der Kirchturm von Altenmuhr auf, zu unserer Rechten im See haben wir die Vogelinsel. Unsere Route biegt rechts herum und führt weiter am Seeufer entlang, bis uns die Gelbstrich-Markierung links über eine Holzbrücke zum Informationszentrum des Vogelschutzbundes weist. An diesem vorbei folgen wir den gelben Zeichen durch die Fichtenstraße und gelangen anschließend rechts zum Bahnhof von **Muhr am See,** wo unsere heutige Tour endet.

Vom mittelalterlichen Ornbau zum „Zocha-Schloss" in Wald

MIT DEM  UNTERWEGS

Anfahrt nach Triesdorf Bahnhof mit der VGN-Linie R 7 bis Ansbach und weiter mit R 8; Rückfahrt von Gunzenhausen entweder mit der VGN-Linie R 8 bis Ansbach und weiter mit R 7 oder mit der VGN-Linie R 62 bis Pleinfeld und weiter mit R 6.

DIE TOUR

Wanderstrecke: Triesdorf Bahnhof – 4,5 km – Ornbau – 1 km – Gern – 3 km – Mörsach – 3,5 km – Wald – 5 km – Gunzenhausen; leichtes Gelände.

Einkehrmöglichkeiten: in den genannten Orten und am Altmühlsee.

Gesamtlänge: rund 17 km.

Gehzeit: ca. 4,5 Stunden.

 ## WEGBESCHREIBUNG

Über das Metallgerüst begeben wir uns zur Westseite des Bahnhofs (nicht Richtung Merkendorf!) und wenden uns mit der Blaupunkt-Markierung nach rechts. Am Bistro vorbei und beim Ortsende-Schild von **Triesdorf Bahnhof** geradeaus zur Vorfahrtsstraße; darauf links. Nach wenigen Metern zeigen die blauen Punkte rechts in einen Waldrandfeldweg. Wo dieser sich gabelt, halten wir links über das Feld auf den Wald zu. Drinnen teilt sich der Weg gleich wieder; wir nehmen markierungsgemäß den rechten grasüberwachsenen Weg. Auf dem Querweg links und nach einer Weile aus dem Wald hinaus. Geradeaus fast weglos über die Wiese, bis ein asphaltierter Weg beginnt. Unmittelbar davor beordern uns die blauen Zeichen auf den sich rechts lösenden Feldweg.

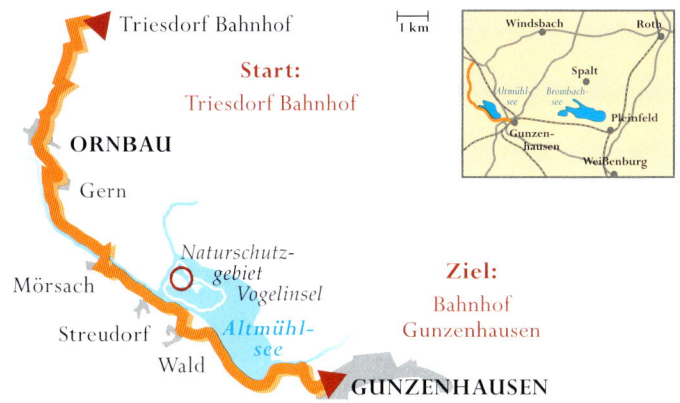

Sobald der Wald zu unserer Rechten zurückweicht, schwenken wir rechtwinklig links in den Grasweg ein und spazieren am Acker entlang. In der Ferne können wir den Richtfunkturm auf dem Eichelberg ausmachen. Wir queren einen Pflaster- bzw. Teerweg und steuern geradewegs den Ornbauer Wasserturm an. Kurz darauf gabelt sich unser Weg; auf dem linken (grasigen) Ast laufen wir bis zur Fahrstraße, der wir rechts folgen. Sie mündet nach mehreren Minuten in eine Vorfahrtsstraße. Wir biegen jedoch in den kurz vorher bei dem Feldkreuz links abgehenden Teerweg ein, wandern am Kapellenweiher vorbei und gelangen nach **Ornbau** 📖. Hier passieren wir die gotische Friedhofskirche St. Jobst 📖, die aus dem 14. Jahrhundert datiert.

Friedhofskirche St. Jobst: Das im Innern barockisierte Gotteshaus birgt bemerkenswerte Plastiken aus dem 15. Jahrhundert, u. a. die Heiligen Wolfgang, Jodokus, Johannes den Täufer, Laurentius und Leonhard. Auf dem Friedhof dahinter steht das „Grabmal in Franken", ein monumentales Sandsteingrab für den französischen Marschall und Lustspieldichter Marquis de Bievre. Er hielt sich 1789 während einer Reise als Gast im markgräflichen Triesdorf auf, erkrankte plötzlich und verstarb kurz darauf.

 Ornbau ist mit seiner 1286 begonnenen, noch vollständig (Türme, Basteien, Tore, Wall und Graben) erhaltenen Stadtbefestigung bis heute ein mittelalterliches Kleinod geblieben. Als „Arenburen", „Behausung des Aro", wurde die Siedlung am Zusammenfluss von Altmühl und Wieseth im 9. Jahrhundert vom Kloster Herrieden angelegt. Später war der Ort Eichstätter Lehen der Grafen von Oettingen; 1310 fiel er an das Hochstift Eichstätt zurück. 1806 gelangte Ornbau nach mehrmaligem kurzen Besitzwechsel an Bayern.

Das 1764 von M. Pedetti errichtete schlossartige Kastenamt (heute Schulhaus) ist wohl der prächtigste Bau der Stadt; man findet hier aber auch andere schöne Fachwerkbauten.

Die ursprünglich bis ins 11. Jahrhundert zurückgehende katholische Stadtpfarrkirche St. Jakob wurde 1968 weitgehend abgetragen und durch einen Betonneubau ersetzt; lediglich der romanisch-spätgotische Turm und der Chor aus dem 14. Jahrhundert sind erhalten. Von der Innenausstattung wurden u. a. die barocke Pieta, das Sakramentshäuschen (1502), eine Muttergottes aus dem späten 15. Jahrhundert und die Bistumspatrone Willibald, Walburga, Wunibald und Richard (um 1500) gerettet.

Am Ende der Vorstadt betreten wir durch das Obere Tor die Innenstadt. Durch das Untere Tor ziehen wir „zum Städtele hinaus" und überschreiten auf der barocken Steinbogenbrücke (Nepomukfigur) die Altmühl. Am jenseitigen Ufer steht rechts eine Bildsäule von 1611. Wir wenden uns mit der Blaupunkt- und Gelbstrich-Markierung sofort nach links und wandern auf dem fein geschotterten Weg stets geradeaus durch die Altmühlauen. Gleich beim ersten Anwesen von **Gern** (Sperrschild von hinten) orientieren wir uns nach rechts. Auch am Ende des Altmühlwegs rechts. In Höhe des Landgasthofs – noch vor dem Kiosk der Freizeit- und Erholungsanlage – biegen wir links in den Fuß- und Radweg ein und spazieren am Altmühlzuleiter entlang. Der blaue Punkt verlässt uns rechts über die Brücke, wir bleiben

Altmühlbrücke in Ornbau, dahinter die Kirche

mit Gelbstrich diesseits. Zu unserer Linken haben wir nun ein Vogelschutzgebiet, rechter Hand nach wie vor den Altmühlzuleiter. Nach längerer Zeit ist rechts wieder eine Brücke zu sehen; hier überqueren wir den Zuleiter und begeben uns ohne Markierung in die Ortsmitte von **Mörsach** zur Kirche. 📖

Wir gehen nicht vor zur Hauptstraße, sondern zwischen Kirche und Dorfanger (Kapelle) spitzwinklig zurück. An dem Anwesen mit Ferienwohnung und Galerie laufen wir

*Die katholische Pfarrkirche St. Antonius und Otti-
lie stammt aus dem 14. Jahrhundert. Sie birgt
mehrere spätgotische Plastiken, darunter die
Schreinfiguren des Ottilien-Altars (um 1500). Sehenswert sind
dessen Flügel mit Darstellungen aus dem Leben der Augenheili-
gen. Das Sakramentshäuschen aus gebranntem Ton ist ebenfalls
gotisch, während es sich bei dem überdimensionalen Deckengemälde um eine Arbeit aus dem Jahr 1889 handelt.*

rechts vorbei. Am Ende des Spielplatzes schwenken wir in
die links abgehende Straße ein. Sie endet vor einem querenden Grasweg; darauf rechts. Er wird zum Trampelpfad, der
uns zu einem provisorischen Steglein lotst, mit dessen Hilfe
wir den Graben überwinden. Zwischen Wiese und Acker
gelangen wir zu einem Fuß- und Radweg, auf dem wir unsere Tour rechts fortsetzen; den Altmühlzuleiter haben wir
jetzt zu unserer Linken.

Nach einer Weile quert die rechts von Streudorf kommen-
de Straße; wir bleiben diesseits des Zuleiters, der wenig später in den Altmühlsee übergeht. Links im See breitet sich die
Vogelinsel aus. Bald erspähen wir rechter Hand einen Holzsteg. Darauf überschreiten wir die Walder Altmühl und halten auf **Wald** zu. Dort wenden wir uns an der ersten
Kreuzung nach links (Hausnummer 37) und weiter vorn bei
der Gabelung nochmals nach links (Pflaster). Unmittelbar
danach stehen wir vor dem Walder Schlösschen.

Am Ende der Pflasterung biegt die Straße rechts zum
Gasthaus ab. Wir spazieren jedoch auf dem Schotterweg
geradeaus, queren wieder die Walder Altmühl und kommen
zurück zum Seeuferweg, dem wir rechts zum Seezentrum
Wald folgen; unterwegs schöner Blick über den See! Anschließend passieren wir die Hirteninsel und umrunden das
Südufer des Sees (rechts die B 2). Schließlich erreichen wir
den Altmühlüberleiter und wandern an ihm entlang. An seinem Ende, wo er in den Untergrund entschwindet, scharf
rechts hinab, durch die Bundesstraßenunterführung und auf

 Am Anfang der Ortsgeschichte von Wald stehen 1273 Ortlieb und Bertold von Walde. 1350 wurde die „Veste Wald" aufgeteilt; eine Hälfte ging an die reichsritterschaftlichen Herren von Lentersheim, je ein Viertel an Apel von Crailsheim und an den gefürchteten Raubritter Ekkelin Geyling von Walde, den Nürnbergern besser bekannt als Eppelein von Geilingen. Nachdem Letzterer zahlreiche reichsstädtische Kaufmannszüge überfallen hatte, zerstörte Kaiser Karl IV. 1375 den Ort und übergab ihn den zollerischen Burggrafen von Nürnberg. Ab 1624 gehörte Wald den Freiherren von Zocha, aus deren Familie der Ansbacher Hofbaumeister Carl Friedrich von Zocha hervorging; er baute das 1704 von den Franzosen niedergebrannte Schloss neu auf.

Mit dem Erlöschen der Zocha fiel Wald 1749 an den Ansbacher wilden Markgrafen Carl Wilhelm Friedrich, der hier einen Jagdschwerpunkt unterhielt. Obwohl verheiratet, führte er mit seiner Geliebten, der Falknerstochter Elisabeth Wünsch, auf dem längst niedergerissenen Jagdschlösschen Georgenthal eine Ehe im Verborgenen. Aus dieser Liaison gingen zwei Söhne und zwei Töchter hervor, die der Markgraf vom Kaiser in Wien zu Freiherren und Freiinnen von Falkenhausen adeln ließ. 1750 wurde der jüngste Sohn mit dem ehemaligen Walder Ansitz Carl Friedrich von Zochas belehnt, einem von zwei Pavillons flankierten Mansarddachbau. Auch heute noch ist das Schloss im Besitz der Familie von Falkenhausen.

Nach Plänen Carl Friedrich von Zochas entstand 1722 hinter dem Schloss die originelle Querhauskirche im Markgrafenstil anstelle des gotischen Vorgängerbaus St. Martin und Ägidius. Über der Empore thront das Wappen der von Falkenhausen mit einem aufgehaubten, zur Jagd bereiten Falken. Unter dem Langhaus befindet sich die Gruft der Familie von Falkenhausen mit dem Sarg der Stammmutter Elisabeth Wünsch.

dem Fuß- und Radweg immer geradeaus. Wir schlüpfen durch das Bahntunnelchen, wenden uns sofort nach links (Wegweiser: Bahnhof) und laufen auf dem Pflasterweg zum Bahnhof von **Gunzenhausen,** wo unsere Wanderung endet.

Zu Besuch bei
Wolfram von Eschenbach

MIT DEM  UNTERWEGS

Anfahrt nach Triesdorf Bahnhof mit der VGN-Linie R 7 bis Ansbach und weiter mit R 8; Rückfahrt von Triesdorf Bahnhof in umgekehrter Reihenfolge.

DIE TOUR

Wanderstrecke: Triesdorf Bahnhof – 3 km – Triesdorf – 3 km – Großbreitenbronn – 6 km – Wolframs-Eschenbach – 4 km – Merkendorf – 2 km – Triesdorf Bahnhof; leichtes Gelände.

Einkehrmöglichkeiten: in den genannten Orten (in Großbreitenbronn nur Getränke).

Gesamtlänge: rund 18 km.

Gehzeit: ca. 4,5 Stunden.

 ## WEGBESCHREIBUNG

Wir verlassen den Bahnsteig in **Triesdorf Bahnhof** auf der Westseite (nicht Richtung Merkendorf!) und wenden uns sofort nach rechts. Am Gasthaus vorbei wandern wir auf der Straße auch nach dem Ortsende-Schild geradeaus. In die nächste Kreuzung biegen wir mit einer Blaupunkt-Markierung links ein. Sofort weisen die blauen Zeichen rechts in einen am Waldrand verlaufenden Feldweg. Am Jägersitz teilt er sich; wir verschwinden links auf dem grasigen Ast im Wald. Innen erfolgt eine weitere Gabelung; diesmal halten wir uns mit Blaupunkt rechts. Der überwachsene Weg mündet in eine Querfuhre, der wir ohne Markierung rechts (Blaupunkt links ab) folgen. Es geht stets geradeaus. Der teilweise ebenfalls überwucherte Weg endet in Höhe des Gasthauses „Waldeck" an einer Fahrstraße, in die wir links einbiegen. Nach dem

Start/Ziel:
Triesdorf Bahnhof

Wald nehmen wir links die parallele Wegspur; schöne Ahorn-
allee! Ehe wir nach dem Ortsschild von **Triesdorf** 📖 rechts
durch die Schlossallee spazieren, sehen wir uns im einstigen
Lieblingssommersitz der Ansbacher Markgrafen kurz um.

Die Geschichte von Triesdorf, das einst auch Triebs-
dorff, Trieschdorff und Trivesdorf hieß, reicht min-
destens bis 1282 zurück. Damals trat neben dem
Kloster Heilsbronn auch die Familie von Seckendorff als Grund-
herr auf; sie erbaute 1454 ein Wasserschloss. 1600 kam Triesdorf
in markgräflichen Besitz. Markgraf Joachim Ernst ließ 1615 ein
Reiherhaus bauen und einen Fasanengarten einrichten, 1654
legte Markgraf Albrecht einen Tiergarten an. Mit dem Ausbau
Triesdorfs zur Sommerresidenz wurde erst 1682 unter Markgraf
Johann Friedrich begonnen. Zunächst entstand das Weiße
Schloss als Hauptbau des fürstlichen Sommerwohnsitzes. Bis
1698 folgten die würfelförmigen Kavaliershäuschen, die „hol-
ländische Häuslein" von Gabriel de Gabrieli. Das Rote Schloss
von Carl Friedrich von Zocha (1732), das Reithaus von Leopold
Retti (1746), das Jägerhaus (1759–1764), der Marstall mit
seiner repräsentativen Fassade (1762/63), das Forsthaus
(1772) und das Hofgärtnerhaus von Johann David Steingruber
zeugen von der Baufreudigkeit der Markgrafen. Heute dienen die
Gebäude als landwirtschaftliches Bildungszentrum mit Fach-
hoch- und Oberschule.

Auf der Schlossallee geht's zum „Weißen Schloss", das eine Fachakademie beherbergt. Daran links vorbei (Weiher zu unserer Linken). Auf dem Teerweg rechts, am Gebäude entlang und links herum (Sperrschild). Rechts halten wir auf die B 13 zu. Wir queren sie und steuern auf dem Schotterweg den Wald an. An seinem Rand rechts, links durch den Waldgürtel und über den beschrankten Bahnübergang. Kleinbreitenbronn streifen wir nur. Am Anfang von **Großbreitenbronn** sehen wir eine Turmruine, deren Uhr noch funktioniert. Es handelt sich um die Überreste der vor 1473 der heiligen Praxedis geweihten Brixenkapelle. 1574 wurde sie säkularisiert, 1768 bis auf den Turm abgetragen.

Von der Dorfmitte auf der nach Bammersdorf führenden Straße hinaus. Sie biegt noch vor dem Ortsende-Schild rechts ab. Wir folgen ihr, bis links kurz nacheinander ein Schotter- und ein Pflasterweg abzweigen; Letzteren nehmen wir. Rasch haben wir das Waldstück hinter uns und wandern nun durch die freie Flur; die Pflasterung geht bald in Schotter über. An der Kreuzung am Ende der Schotterung (voraus Bammersdorf) wenden wir uns nach rechts und kommen so zur Autostraße, in die wir links einbiegen. Bei trockenem Wetter kürzen wir auf dem sich rechts lösenden Grasweg zwischen den Äckern ab. Ansonsten wandern wir auf der Straße vor zur Häusergruppe und biegen dort mit der blauen Markierung rechts in den Pflasterweg ein. Wo dieser scharf links abknickt, verlassen wir ihn und spazieren auf dem geschotterten Weg ohne Markierung geradeaus durch die Flur.

Wir passieren ein Feldwäldchen; die Schotterung hört auf. Etwas später kommt von rechts ein Teerweg; wir behalten unsere Richtung bei. Erneut streifen wir ein Feldgehölz. Auch hier ohne Kursänderung geradeaus. Voraus gewinnt die Silhouette von Wolframs-Eschenbach zusehends an Profil. Nach einer Weile beginnt in Höhe der linken Apfelbaumreihe eine beidseitige Betonierung unseres bisherigen Wegs. Jetzt biegen wir in die rechts abgehende Schotterfuhre ein und halten geradeaus auf Waizendorf zu, bis die Teerung anfängt. Dort (Feldkruzifix, Bank) zweigt links ein Schotterweg ab, auf dem wir uns **Wolframs-Eschenbach**  nähern. Bei der um 1500 errichteten Friedhofskirche St. Sebastian (Langhaus im 18. Jahrhundert „rokokoisiert", Stukkaturen vom Deutsch-ordens-Baumeister Franz Joseph Roth) erreichen wir den Stadtrand. Gegenüber entdecken wir einen Fußweg, der am Ende des Badweihers auf die Richard-Wagner-Straße trifft. Darauf links, kurz am Stadtgraben entlang und schließlich rechts durch das Obere Tor in die pittoreske Altstadt.

„Eschelenbach" wird in der zweiten Hälfte des 11. Jahrhunderts erstmals erwähnt, ist jedoch wesentlich älter. Die Herren von Eschenbach — ein Ministerialengeschlecht, dem auch der Minnesänger und Dichter Wolfram angehörte, waren Lehensträger der hier vom 12. Jahrhundert bis 1316 begüterten Grafen von Wertheim-Rieneck. Bis 1805 war das 1332 zur Stadt erhobene Eschenbach im Besitz des Deutschen Ordens. Die Ringmauer und zwei Türme der spätmittelalterlichen Stadtbefestigung sind erhalten; das Obere Tor entstand 1360/70, das Untere Tor um 1400. Das Zentrum der Altstadt bildet der Wolfram-von-Eschenbach-Platz, auf dem das Denkmal des um 1220 verstorbenen Dichters von „Parzival", „Titurel" und „Willehalm" in eine Brunnenanlage eingearbeitet ist. An der Ostseite des Platzes befindet sich das 1471 erbaute und 1685 neu errichtete Alte Rathaus; es beherbergt seit 1995 das Wolfram-von-Eschenbach-Museum. Bestattet ist der Dichter im Liebfrauenmünster, der ältesten gotischen Hallenkirche Deutschlands. Sie entstand zwischen 1220 und 1300 durch Umbau einer romanischen Wehrkirche; 1429–1450 erhielt sie den charakteristischen spitzen Turm mit bunt glasierten Ziegeln. Im südlichen Seitenschiff steht ein Flügelaltar (um 1490) mit einem Relief der Kreuzauffindung. Der Flügelaltar im nördlichen Seitenschiff wurde 1510/20 gefertigt; er zeigt im Schrein einen Rosenkranztondo mit Kruzifix und zahlreichen Heiligen. Das einstige Deutschordensschloss von 1623 dient heute als Rathaus. Die ehemalige Ordensvogtei (Gasthaus) entstand 1430. Das als „Arche Noah" (Dachform!) bekannte Pfründehaus von 1410 ist eines der ältesten deutschen Fachwerkgebäude.

Durchs Untere Tor hinaus und sofort scharf rechts herum! Neben der malerischen Stadtmauer promenieren wir geradeaus, bis sie eine Rechtsbiegung beschreibt; kurz davor halblinks hinauf, über die Richard-Wagner-Straße und auf dem Steinkreuzweg weiter. An dessen Rechtsknick mit Blaupunkt, der uns bis zum Schluss unserer Tour führen wird, durch den Fuß- und Radweg zu einer Steinkreuzgruppe. 📖

Die „Zigeunerkreuze" erinnern an eine arme, dem Erfrieren nahe Zigeunerfamilie, der man an einem kalten Winterabend in Eschenbach Obdach verweigerte. Voller Verzweiflung erschoss der Familienvater daraufhin seine Kinder, seine Frau und sich selbst. Zur Mahnung, vorurteilsfrei und barmherzig zu sein, wurden die Kreuze aufgestellt.

Von den Steinkreuzen rechts haltend über die hier beginnende, nach Waizendorf führende Straße und mit Blaupunkt auf dem Feldweg weiter. Er schlängelt sich durch die Fluren (Rundsicht: rechts Waizendorf, hinten Wolframs-Eschenbach, links Gerbersdorf, voraus Merkendorf), zur Verbindungsstraße Gerbersdorf–Waizendorf. Darauf rechts, aber gleich wieder links ab und auf grasigem Weg am Waldrand entlang; auch ein blauer Balken hilft uns bei der Wegfindung. Geradeaus über den Moosgraben-Grund, am Waldsaum weglos nach rechts, nach einer Weile links herum; auch am Rand bleiben, wenn dieser rechts herumbiegt! Beim Jägersitz gemäß Markierung auf dem Querweg links einwärts. Die Forstabteilung ist schnell durchschritten; am äußeren Waldrand orientieren wir uns nach links. Am Anfang der Teerung rechts ab und längs der Hecke auf **Merkendorf** 📖 zu. Wir erreichen eine Straße, auf der wir links in das Städtchen einziehen. Vor der Stadtmauer links und dann rechts durchs Obere Tor in die Stadt.

Nachdem wir durchs Untere Tor hinausgezogen sind, biegen wir nach einigen Metern rechts in den Bahnhofsweg ein. Dieses Asphaltsträßchen liefert uns binnen einer guten Viertelstunde an der B 13 ab, welche wir vorsichtig überqueren.

Der um 1100 erstmals erwähnte Ort wurde vermutlich von einem slawischen Siedler namens Mirko gegründet. Mitte des 14. Jahrhunderts kam er an das Kloster Heilsbronn. Das Stadtrecht wurde 1398 verliehen; die in der ersten Hälfte des 15. Jahrhunderts vollendete Befestigung ist mit ihren drei Toren und acht Türmen vollständig erhalten, der Stadtgraben teilweise noch mit Wasser gefüllt. Vom Vorgängerbau der Stadtpfarrkirche aus dem 12. Jahrhundert ist nichts erhalten; das nachfolgende gotische Gotteshaus wurde später barockisiert. Die Pfarrei entstand 1477 durch Abtrennung von Wolframs-Eschenbach, das im Besitz des Deutschen Ordens war. 1524 wandte sich Merkendorf der lutherischen Lehre zu. Das Alte Rathaus am Marktplatz ist ein Steinbau mit prächtigem Fachwerkgiebel (Ende 15. Jahrhundert). Der Brunnen davor erinnert an die Tradition des Krautanbaus rund um die Stadt. Einen anderen Brunnen mit den Wappen der Territorien, zu denen Merkendorf im Lauf seiner Geschichte gehörte, findet man unweit des Unteren Tores in der Hauptstraße.

Drüben begeben wir uns auf der Straße, die eine Rechtsbiegung beschreibt, nach **Triesdorf Bahnhof.** Der Kreis unserer Rundwanderung hat sich geschlossen.

Turmruine der Brixenkapelle in Großbreitenbronn

119

Durch den Mönchswald zum Haundorfer Weiher

Anfahrt nach Triesdorf Bahnhof mit der VGN-Linie R 7 bis Ansbach und weiter mit R 8; Rückfahrt von Muhr am See mit der VGN-Linie R 8 bis Ansbach und weiter mit R 7.

DIE TOUR

Wanderstrecke: Triesdorf Bahnhof – 2 km – Merkendorf – 2,5 km – Dürrnhof – 3 km – Lindenbühl – 2 km – Haundorf – 4 km – Wehlenberg – 1,5 km – Muhr am See; leichtes Gelände.

Einkehrmöglichkeiten: in Merkendorf, Haundorf und Muhr.

Gesamtlänge: rund 15 km.

Gehzeit: ca. 4 Stunden.

 WEGBESCHREIBUNG

Wir verlassen den Bahnsteig über das Stahlgerüst ostwärts und wandern auf der Zufahrtsstraße in Richtung Merkendorf. Kurz nach dem Ortsende-Schild von **Triesdorf Bahnhof** queren wir die B 13 und laufen auf dem Bahnhofsweg in einer guten Viertelstunde nach **Merkendorf.** Vor dem Unteren Tor wenden wir uns nach rechts und spazieren am wassergefüllten Graben entlang, der uns von der mittelalterlichen Stadtmauer trennt. In Höhe des Taschentors biegen wir scharf rechts in die Straße Am Grenzbuck ein. An deren Ende gehen wir über die Querstraße (Am Wiesengrund) und wandern ohne Kursänderung weiter.

Am Ende der Teerung, bei den drei Pappeln, gabelt sich der Weg; wir halten uns rechts. Voraus sehen wir bereits den

Dürrnhof. Der kleine Damm mit der Baum-Busch-Reihe zu unserer Rechten grenzt das frühjährliche Überschwemmungsgebiet des Dümpfelgrabens ab.

An der Wegteilung links; von rechts drängt sich der idyllisch verschilfte Mühlbach heran. Bei den ersten Anwesen von **Dürrnhof** links vor zur Kreisstraße, der wir links folgen. Wo der Wald an ihre rechte Seite herantritt, begeben wir uns auf der dort abgehenden geschotterten Forstfuhre ins Innere. Wir bleiben darauf, bis sie im Nesselbachgrund auf einen querenden Teerweg trifft. Mit ihm links, über den Bach und im Rechtsbogen waldeinwärts. An der großen Kreuzung überschreiten wir die vorfahrtsberechtigte Schotterstraße und laufen noch ein Stück geradeaus, bis rechts unmittelbar vor einer Einzäunung ein grasiger Waldweg abzweigt. Ihn benützen wir. Er steigt leicht an und gabelt sich nach vielleicht hundert Metern; wir schwenken in den linken Ast ein. Der weiterhin übergraste Weg schlängelt sich zu einem geschotterten Forststräßchen, welchem wir mit verschiedenen Markierungen rechts aufwärts folgen; nach etlichen Schritten sprudelt rechter Hand eine Quelle hervor. Oben weichen die Bäume schließlich zurück; wir haben die Einöde **Lindenbühl** 📖 erreicht.

Das Jagdhaus Lindenbühl findet bereits 1146 Erwähnung. Im 18. Jahrhundert war es Sitz des markgräflichen Wildmeisters, 1818–1964 staatliche Forstdienststelle. Es steht auf einer Lichtung inmitten des Haundorfer Forstes bzw. des Mönchswalds, einem ca. 2 000 ha großen Waldgebiet zwischen der B 13 und der B 466. Kaiser Friedrich Barbarossa vermachte dieses Gebiet einst je zur Hälfte dem Bistum Eichstätt und dem Bamberger Domkapitel, das seinen Anteil 1190 an das Kloster Heilsbronn verlieh.

Bei der Wegkreuzung geht es mit den Markierungen 101 und Markgrafenweg (beide versteckt am Baum) links weiter. Sie lotsen uns auf dem Forstweg durch den Wald zu einem Verbindungssträßchen (rechts der Dematshof), auf welchem wir links in **Haundorf** einziehen. Wir steuern auf die Kirche 📖 zu, der wir einen Besuch abstatten wollen.

Die 1449 erbaute evangelische Pfarrkirche St. Wolfgang wurde 1706 barock umgestaltet. Der Altar, die Kanzel sowie das akanthusumrahmte Markgrafenwappen sind Werke des Ansbacher Hofbildhauers Giuseppe Volpini. Im Chor wurden spätmittelalterliche Fresken freigelegt. Das Gotteshaus ist Taufkirche der Freiherrenfamilie von Falkenhausen, also der Nachkommen aus der morganatischen Verbindung des wilden Markgrafen Carl Wilhelm Friedrich mit Elisabeth Winkler (alias Wünsch).

Gegenüber der Kirche biegen wir am Ortsrand rechts in die mit einigen Markierungen versehene 60-km-Straße (6-t-Schild) ein. Sie bringt uns in einer knappen Viertelstunde zu einem Parkplatz. Hier links zum Haundorfer Weiher hinunter und rechts an ihm entlang. An seinem Ende, wo die Teerstraße aufhört, links herum und auf dem Damm etwas oberhalb des Ufers weiter. Rechts schimmern Teiche durch die Bäume. Am Wald angekommen, wenden wir uns nach rechts. Zuerst bewegen wir uns an seinem Rand, dann verschwinden wir im Innern. Bei der Gabelung nehmen wir den rechten Ast (grünes B und C am Baum). Unser Pfad fädelt sich in einen gesperrten Weg ein. Wir behalten unsere Richtung bei und erreichen kurz danach einen von rechts herbiegenden, mit einem roten Kreuz gezeichneten Schotterweg. Darauf links. Nach ein paar hundert Metern schickt uns die rote Markierung halblinks hoch. Oben, wo die Verebnung beginnt, löst sich halbrechts ein unmarkierter, einen breiten Grasmittelstreifen aufweisender Waldweg; ihn benützen wir. Nach einem Weilchen mündet er in einen von links kommenden Weg, der hier eine Kurve beschreibt. Darauf zunächst geradeaus, bis er nach schätzungsweise 30 m auf einen Querweg trifft. Diesem folgen wir rechts ins Freie und wandern auf dem hier abknickenden Schotterweg in unveränderter Richtung mit schönem Blick über den Altmühlsee zum Ortsrand von **Wehlenberg.**

Der Weiler wurde noch 1732 „Wildbergen" oder „Wildenberg" genannt. Er ist Streitobjekt der Wolfram-Forschung, da es im Parzival *über die Herrlichkeit der Gralsburg heißt: „Wer sah das große Feuer je hier bei uns in Wildenberg?" Einige Forscher gehen davon aus, bei Wehlenberg handle es sich um jenes Wildenberg.*

Am Ortsende-Schild vorbei links die Straße hinab, bis sie eine Rechtskurve vollführt. Hier (Bank, Sperrschild) verlassen wir sie links auf einem Schotterweg, der nach kurzer Zeit beidseitig gepflastert ist. Weiter unten, an der Kreuzung mit dem Eichenbäumchen, schwenken wir rechts in den mit Gelbstrich markierten Feldweg ein. Stets geradeaus, wobei der größere zweite Wegteil übergrast ist. Er endet zuletzt busch- bzw. baumgesäumt an der B 13. Wir queren sie und erreichen auf einem Trampelpfad links-rechts den Bahnhaltepunkt **Muhr am See,** wo unsere Mönchswald-Tour ihren Abschluss findet.

REGISTER

Noch mehr

Franken

Höhlen in Franken

Autor: Stephan Lang

- Wanderführer in die Unterwelt der Fränkischen Schweiz (Abb. links)
- Wanderführer in die Unterwelt der Hersbrucker Schweiz und des Oberpfälzer Jura (Abb. rechts)

ISBN 3-418-00385-0
Preis: 12,80 €

ISBN 3-418-00390-7
Preis: 12,80 €

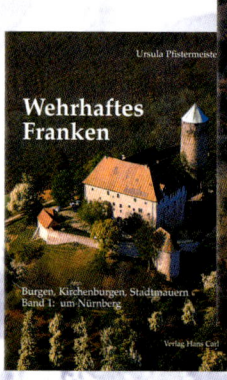

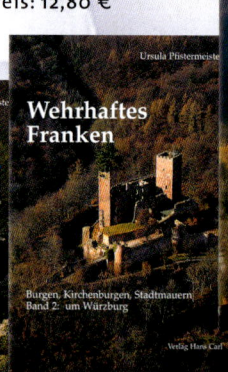

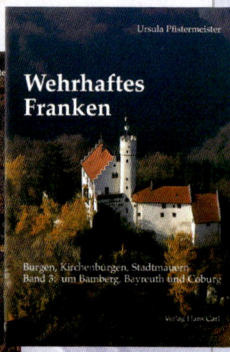

ISBN 3-418-00384-2
Preis: 15,50 €

ISBN 3-418-00386-9
Preis: 15,50 €

ISBN 3-418-00387-7
Preis: 15,50 €

Wehrhaftes Franken

Autorin: Ursula Pfistermeister

Burgen, Kirchenburgen, Stadtmauern
- um Nürnberg (Abb. links)
- um Würzburg (Abb. Mitte)
- um Bamberg, Bayreuth und Coburg (Abb. rechts)

Summ, summ, summ – günstig kommt man rum